TRANS-UMANESIMO E NEO-UMANESIMO

Aurelio Bruno

Mirror of the Stars

EDIZIONI
A.V.I. A.P.S.
(ARNAU DE VILANOVA INSTITUTE
OF MEDIEVAL STUDIES A.P.S.)

Editing Graziella Milazzo

Codice ISBN: 9798371368881

Copyright: aureliobruno©2022

INDICE

INDICE 5

RINGRAZIAMENTI 7
PREMESSA: "QUALCOSA DI NUOVO" PER LA
SALVAGUARDIA INDIVIDUALE 8

PRIMA PARTE: 13
I FATTI 13
IL RIPUDIO DELLA MORTE (E DELLA VITA) 14
RIGENERAZIONE DI CANI (E UMANI) A MEZZO
DELL'ALLUNGAMENTO DEI TELOMERI CON RNA
MESSAGERO 15
TELOMERI, GLORIOSO CARRO PER L'AMORTALITA' (O
PER IL CANCRO?) 19
L'UOMO CIBERNETICO 21
INUTILITA' DELL'ESSERE UMANO E
CIBERNETIZZAZIONE 25
LA RETE DELL'INTERNET DEI CORPI 28
IL FUTURO È GIA' QUI, SIGNORE E SIGNORI: IL PRIMO
MICROCHIP IN UN CERVELLO UMANO 32
I MUTANTI GENETICI 33
SOLDATI GENETICAMENTE MODIFICATI 39
IL DNA MODIFICATO COME ARCHIVIO DIGITALE 40
IL TRANSUMANESIMO NELLE PAROLE DEL SUO
PROFETA KLAUS SCHWAB 42

PARTE SECONDA - MORTE E TRANSUMANESIMO 46
OH CALIPSO!, OGIGIA O MORTE? 47
"IMMORTALITA' O INNATALITA'?" (OVVERO COME
CON DUE PAROLE STEINER MANDA KO I
TRANSUMANISTI) 48
PRECURSORI MITICI E RELIGIOSI DEL
TRANSUMANESIMO 51
IL PENSIERO TRANSUMANISTA 56

IL MOVIMENTO TRANSUMANISTA 62

PARTE TERZA – CONSIDERAZIONI GIURIDICHE 66
OSSERVAZIONI SULLE TERAPIE A MRNA 67
DIRITTO E MUTAZIONI GENETICHE 69
PROBLEMI GIURIDICI D'AFFRONTARE CAUSA IL
TRANSUMANESIMO: UNA BREVE SINTESI 75
ALCUNE QUESTIONI GIURIDICHE.................................. 76
SOLUZIONI UMANISTICHE PER MINACCE
UMANITARIE... 81
SOLUZIONE NORMATIVA: DIRITTO ALLA
DISCONESSIONE E AUTODETERMINAZIONE DIGITAL
.... 89
SOLUZIONE COSTITUZIONALE: UN NUOVO PATTO
SOCIALE GIUSNATURALISTA 90
L'ANIMA, ERMETE E IL NEO-UMANESIMO 94
LA VERA POSTA IN GIOCO: L'ANIMA DA PLUTARCO A
RUDOLF STEINER 99

CONCLUSIONE 105
UN PENSIERO FINALE AI "BENEFATTORI" DEL WORLD
ECONOMIC FORUM: LE RAGIONI DEL LORO
FALLIMENTO 112

APPENDICE 1: SGUARDI SUL PRESENTE DISTOPICO: IN
DIFESA DEL CONTANTE (E IN OFFESA DI PAYPAL) 117

APPENDICE 2 - SGUARDI SUL PRESENTE DISTOPICO:
MANIPOLAZIONE CLIMATICA E MEDIATICA 130

POSTFAZIONE 140

L'AUTORE 143

BIBLIOGRAFIA 147

RINGRAZIAMENTI

Questo breve pamphlet ha un unico vero Demiurgo: il Maestro e amico, Angelo Tonelli.
A lui e alla sua illuminata "radicata centratura cosmica" devo spunti, idee e stimoli.
Causa l'osticità e, sopratutto, la delicatezza *"non-politically correct"* degli argomenti trattati, più volte ho deciso di non scrivere nè, tantomeno, pubblicare le riflessioni presenti in questo saggio.
Le chiacchierate fatte con Tonelli nella splendida Lerici, in Sicilia e on-line mi hanno, infine, convinto.
Devo ancora ringraziamenti agli umanisti e medici, Dr. Pino Mento e Dr. Marcello Aragona.
Gli incontri da loro organizzati nella prestigiosa cornice della conferenza "Umanista" di Mandanici (ME) 2022" Oltre L'Uomo, mente e archetipi, corpo e anima, luoghi e tempo", mi hanno sollecitato a mettere ordine alle tante intuizioni in materia raccolte nel corso degli ultimi anni.

PREMESSA: "QUALCOSA DI NUOVO" PER LA SALVAGUARDIA INDIVIDUALE

Oggi urge creare qualcosa di nuovo, positivo, strutturato, credibile e dotato di senso per la salvaguardia individuale.

Mai prima come oggi abbiamo vissuto tale senso di precarietà e urgenza.

Con amarezza abbiamo appreso che le stesse istituzioni di garanzia dei diritti e delle libertà si sono dimostrate complici di coloro che attentano contro di esse.

Di seguito, per questo, proponiamo la costituzione di strutture associative territoriali e sapienziali di salvaguardia e tutela mutuale per scambi di servizi d'intermediazione, servizi culturali, spirituali, formativi, ovvero servizi in generale.

Mutuali, giacché a favore innanzitutto degli associati e nel medio-lungo termine delle collettività.

Sapienziali, poiché, nel richiamarsi ai valori della classicità, devono avere al centro l'Uomo e la sua Virtù ovvero quanto egli riesce a realizzare, in pensiero e azione, in positivo nell'ambiente attorno a lui.

Perché questo?

L'Uomo è gravemente minacciato oggi dall'accelerazione degli immensi investimenti nel trans-umanesimo tanto genetico (con DNA complementare a mezzo RNA messaggero) quanto nella rete neurale dei corpi ("internet of bodies" di Neuralink).

Oggi il nuovo domain investing dei capitali è diventato il corpo umano e il suo cervello, in particolare.

Nella convinzione d'inesistenza di una trascendenza, di una vita post-mortem, novelli apprendisti stregoni, miliardari sedicenti "illuminati", tentano di sfuggire alla morte cercando di perpetuare geneticamente o digitalmente la loro permanenza fisica.

More tempore, la macchina della propaganda e le intese intergovernative, in sede globalista, promuovono la privazione dell'identità sessuale, culturale, religiosa, alimentare, economica, e quant'altro, delle masse.

Con il pretesto di emergenze continuative ("eccezione permanente"), le élites stanno plasmando e spersonalizzando gli umani, sottomettendoli dunque, come mai prima nella storia umana.

La (presunta) libertà assoluta dell'Homo Deus (Harari) ora ha indotto i registi del Great Reset (Schwab e dietro il vecchio Attali) ad aprire contemporaneamente tante finestre di Overton delle varie accettazioni sociali: dall'accettazione della pedofilia e propaganda nelle scuole del LGBTQr+, al controllo corporeo e cibernetico (codice Bluetooth, pass QR vaccinale e ID biometrico), dalla esclusione e odio sociale verso i dissidenti (public-enemies), all'imposizione di stili di vita (metaverso per abolizione viaggi e per il lavoro) e alimentari (vermi e insetti), dal controllo e limitazione della spesa privata con l'eliminazione del contante fino all'abolizione della proprietà privata ("egoistica", cit. Bergoglio), dall'eliminazione della storia e della cultura classica (cancel culture), alla soppressione delle religioni tradizionali, per una nuova religione (pseudo) ecologista della terra (minuscolo), etc…

Obbiettivo: annullare e appiattire l'uomo in una pratica "zootecnica" di sorveglianza, chippatura e recinzione.

Strumento: il già collaudato terrorismo massivo del mainstream mediatico per un'emergenza permanente, annunciata, peraltro, puntualmente dai vari leader governativi, che, pur di non rasserenare genti e imprese, preferiscono annunciare "sciagure pandemiche e nucleari" (cit.Von der Leyen 08.12.2022).

Dicevamo delle "strutture territoriali e sapienziali". Esse, se messe in rete, potrebbero efficacemente opporsi, non "contro" qualcosa ma "per" qualcosa, pro humanitate.

Ma per fare questo, bisogna prima avere il coraggio di dire la verità, bypassando le pregiudiziali ideologiche, e quelle delle divisioni e dell'odio sociale abilmente create dai media delle élites negli ultimi anni.

Il modello della democrazia, rappresentativa, nel mondo del controllo digitale e cibernetico e della massiccia propaganda del "pensiero unico", non può più funzionare.

Oggi la tendenza delle masse all'omologazione emulativa e/o coercitiva (a mezzo pass digitali estorti a pena di restrizioni, anche lavorative) ha dimostrato il fallimento della politica democratica fondata sulla delega, attraverso il voto.

La dialettica oggi si è ristretta alle classificazioni a-logiche delle crociate ideologiche contro i nemici pubblici, di volta in volta identificati: no-vax, no-pos, no-war, no-Nato, no-gender, no-climate change, no-migrants, no-new diet, etc...

Tale la strumentalità della divisione sociale che le pratiche di "non-discrimination" o di "social-inclusion", verbalmente asserite, vengono poi dimenticate verso i quotidiani "public-ememies" (in un profluvio d'inglesimi d'accatto).

Anche governanti, pur eletti con messe di suffragi elettorali, vengono posti in condizione di non potere operare da condizionalità esterne, quali PNRR, BCE, fondi strutturali, etc, poste dai "mercati" (ovvero soggetti finanziari internazionali creditori), da strutture sovranazionali non-democratiche, dai mass media e dalla loro propaganda, dai sindacati (proni a detti soggetti finanziari ma non al servizio dei lavoratori), e dalla stessa perdita pregressa delle sovranità fondamentali, innanzitutto di quella monetaria.

In alcuni paesi, poi, lo stesso esercizio elettorale, tramite il voto elettronico, verosimilmente manipolato, giustifica serissime riserve sulla sua effettiva rappresentatività democratica.

Bisogna avere, dunque, il coraggio di dirlo: la democrazia rappresentativa è diventata una soluzione del passato.

L'esercizio della democrazia rappresentativa è impedito, o nel migliore dei casi compromesso, proprio dagli strumenti tecnologici che avrebbero dovuto, invece, agevolarlo.

Serve inventare nuove risposte alle sfide del trans-umanesimo tecnologico del presente, usando, possibilmente, gli stessi strumenti tecnologici a vantaggio però degli Uomini, della loro creatività, della loro cultura, ovvero, della loro Libertà.

Occorre inventare, in altre parole, qualcosa di nuovo e inedito, che abbia, però, un forte radicamento nella sapienza del passato, ma anche nel territorio.

Bisogna opporre al mercato globalista dei monopoli proposte mutualiste e di "primo mercato" a livello locale.

La dinamica economica delle multinazionali, distruttrice della concorrenza, consente loro enormi margini e capitalizzazioni a scapito della qualità e, soprattutto, dei territori.

È basilare ripartire, dunque, dalla polis greca o dai Comuni dell'Italia rinascimentale. Dobbiamo contrapporre al globalismo, un progetto strategico e a medio lungo termine di sviluppo locale, che sia tanto culturale quanto economico.

E per questo riprendere la saggezza umanista dei filosofi delle polis, come ad esempio la visione politica dei filosofi presocratici o quella degli umanisti rinascimentali.

Serve opporre un Neo-Umanesimo al fanatismo distopico transumanista di una ristrettissima élite chiusa in inaccessibili fortezze dorate.

Proponiamo un Neo-Umanesimo che sia radicato nella partecipazione collettiva e locale alle scelte, senza le manipolazioni e la propaganda dei grandi sistemi e dei loro media.

Se organizzaste in reti, le strutture territoriali e sapienziali di salvaguardia e tutela mutuale potrebbero concorrere a tutelare efficacemente le Libertà degli uomini.

Chi eserciti funzioni di direzione nella politica, deve esibire come requisito e "curriculum" fondamentale la pratica di discipline meditative di consapevolezza e di sorveglianza sulle proprie Ombre, in particolare avidità e spirito di autoaffermazione egoistica.

In ultimo, se non si creeranno urgentemente tali o simili strumenti di salvaguardia mutuale, duole dirlo, a breve ci resterà solo l'ovile.

Come scrive Andrea Zhock, richiamando Padre Dante: "Come alla soglia dell'Inferno, anche oggi, tra tutti coloro i quali sentono questa sfida dovremmo dirci che "Qui si convien lasciare ogni sospetto / Ogni viltà convien, che qui sia morta."

Aurelio Bruno e Angelo Tonelli

(...) non costituisce una ragione per limitarsi a subire passivamente il perturbamento e l'oscurità che sembrano momentaneamente trionfare, poiché, se così fosse, non avremmo che da starcene in silenzio. Ragione invece vi è di lavorare, finché sia possibile, per preparare l'uscita da questa "età oscura", la cui fine più o meno prossima, benché non del tutto imminente, è già preannunciata da molti indizi. (...) Quali possano pur essere le apparenze, si può esser sicuri che tutti gli squilibri parziali e transitori concorreranno, alla fine, a realizzare l'equilibrio totale".
RENÉ GUÉNON
(Introduzione a "La crisi del mondo moderno")[1]

"Più scura è la notte, più brillano le stelle"
FYODOR DOSTOYEVSKY
(Punizione e Castigo)

La fine del XX secolo resterà nella storia del diritto come l'epoca in cui la riflessione giuridica ha dovuto riscoprire il corpo, mentre il sistema di pensiero in cui si muoveva era stato costituito, duemila anni prima, perché non se ne parlasse, perché non si dovesse dunque pronunciarsi sulla sua natura giuridica (...); senza l'irruzione delle biotecnologie, la storia dello statuto dell'uomo nel diritto civile sarebbe stata quella della censura del suo corpo»
J.P. BAUD
(Il caso della mano rubata)[2]

---

[1] René Guénon, Introduzione a "La crisi del mondo moderno", Ed.Mediterranee 1972
[2] J.P. Baud, Il caso della mano rubata, a cura di Cosimo Marco Mazzoni, trad. it. di Laura Colombo, Milano, 2003, pp. 50 e 53. Il caso si può così sintetizzare: un uomo perde la mano in un incidente domestico. Viene soccorso dal fratello e dal vicino. Il fratello mette la mano nel ghiaccio per poterla trapiantare, ma il vicino la ruba e la butta nella discarica. Il problema è: il vicino deve essere accusato solo di furto o di mutilazione?

PRIMA PARTE:

I FATTI

IL RIPUDIO DELLA MORTE (E DELLA VITA)

Il trans-umanesimo, ricaduta ideologica del materialismo e della sua religione, è una credenza molto diffusa nell'industria digitale e tra i governi grazie all'azione pubblicamente svolta dal World Economic Forum (WWF/WEF), ovvero dal cosiddetto Club di Davos.

Causa la partecipazione di top managers di corporations multinazionali, Capi di Stato, ministri, giornalisti, artisti, bloggers, cantanti, etc., questa sedicente elite, non eletta democraticamente, ma autonominatasi quale "*selected stakeholders*" (portatori d'interessi selezionati) determina un grave impatto globale sulla cultura e sulla politica.

Una delle "agende" preferite del WEF è "superare l'umano".

Per il WEF i limiti fisici umani, l'età e la morte sono quasi imbarazzanti, quindi esso da anni propone di sostituire gli uomini con macchine umane o umani impiantati con parti meccaniche (cyborg) meglio funzionanti.

Per gli accoliti del WEF non esiste, infatti, un'anima umana, lo spirito e tantomeno un mondo spirituale.

L'altra agenda transumanista, dopo il cyborg meccanico, è quello dell'umano, oltre che "politicamente corretto", anche "geneticamente corretto".

Per questo le principali società digitali gestiscono strutture di ricerca per abolire cose fastidiose, quali morte, malattie, vecchiaia. Il capo di Paypal, Peter Thiel, ha dichiarato:

> Il grande compito incompiuto del mondo moderno è trasformare la morte da un fatto della vita in un problema da risolvere, un problema che spero di poter aiutare a risolvere in ogni modo possibile.[3]

Anche la rivista Focus ha trattato della "nuova religione":

> Fino ad ora è stato generalmente accettato che tutti dobbiamo morire. Le religioni promettono una continuazione in paradiso o la possibilità di rinascita come sostituto della vita terrena. Ma la fede consolatrice oggi non

---

3 https://t3n.de/news/silicon-valley-tod-ueberwinden-638284/

basta più a molti. Una nuova religione si è sviluppata in particolare intorno alla Silicon Valley, che rinuncia a Dio e adora invece le possibilità della biotecnologia. Il trans-umanesimo, o superbiologia come vengono chiamati questi movimenti, è alimentato dai visionari dell'industria di Internet. Credi di esserlo può comprare qualsiasi cosa, anche la vita eterna. (...) Il fondatore di Google e presidente di Alphabet Sergey Brin, un informatico di origine russa, ha dato le indicazioni, "Non ho intenzione di morire", ha detto, e ha investito nella società di biotecnologie Calico. (...) E anche le altre superstar del settore sono riluttanti a morire. Anche il capo di Amazon Jeff Bezos, il capo di Tesla Elon Musk e il capo di Oracle Larry Ellison hanno investito nella ricerca sull'immortalità, (...)

Il rappresentante più famoso della fazione robo-poliziotto è Ray Kurzweil, ingegnere capo di Google. Kurzweil ha 70 anni ma sembra molto più giovane. Lo attribuisce al fatto che ingerisce circa 90 pillole al giorno. (...) In verità, però, crede che il corpo sia solo un ostacolo all'immortalità. Alla fine, nanorobot delle dimensioni di una cellula del sangue pattuglieranno le nostre vene, riparando qualsiasi danno causato dall'età e collegando in modalità wireless il nostro cervello al cloud. "Allora", dice Kurzweil, "non abbiamo più bisogno del corpo, è un anacronismo". Continuiamo ad esistere smaterializzati. Se hai ancora bisogno di un corpo, noleggi un robot umanoide, proprio come noleggi un'auto da Drive Now o Car2Go oggi".[4]

RIGENERAZIONE DI CANI (E UMANI) A MEZZO DELL'ALLUNGAMENTO DEI TELOMERI CON RNA MESSAGERO

Recentemente sul sito di Moderna, nota società farmaceutica si leggeva: "Il DNA è il disco rigido umano ("storage"), l'RNA è il sistema operativo ("software") e le proteine sono l'applicazione ("application").[5] Quanto sopra appare ancor più inquietante se si riflette sulle recenti scoperte di applicazioni di RNA messaggero per l'allungamento dei telomeri. Shinya

---

[4] https://www.focus.de/magazin/archiv/wissen-im-silicon-valley-suchen-milliardaere-nach-dem-heiligen-gral-der-unsterblichkeit-fuehrt-sie-dieser-nacktmull-zum-ewigen-leben_id_9961897.html

[5] Moderna, sito web https://www.modernatx.com/mrna-technology/mrna-platform-enabling-drug

Yamanaka, vincitore del premio Nobel nel 2012 e gli scienziati della Stanford University [6] hanno dimostrato che somministrando un RNA messaggero [7] codificante per il TERT, l'enzima allunga-telomeri, si può ripristinare la lunghezza dei cromosomi e delle cellule.[8] I telomeri sono i "cappucci" che proteggono le estremità dei filamenti di DNA dalla distruzione da parte delle cellule. Sono costituiti da aree di sequenze ripetute di DNA combinate con proteine specifiche alle estremità dei cromosomi — le strutture strettamente avvolte di DNA e proteine all'interno delle cellule. I telomeri hanno un ruolo nella velocità di invecchiamento delle 20 cellule, anche se non è del tutto chiaro come. Gli organismi privi di cromosomi circolari, tra cui gli esseri umani, gli altri animali, le piante e persino i protisti unicellulari, hanno i telomeri. I telomeri agiscono come barriere, impedendo al DNA di essere degradato e corrotto. Se le nostre cellule non avessero i telomeri, i macchinari cellulari "rosicchierebbero le estremità dei cromosomi e i geni essenziali", ha dichiarato Jan Karlseder (si apre in una nuova scheda), professore al Salk Institute for Biological Studies in California e direttore del Glenn Center for Biology of Aging Research del Salk Institute. La cellula potrebbe anche attaccare l'estremità di un cromosoma a quella di un altro, il che sarebbe "un evento disastroso" per una

---

[6] Honor Whiteman, in Scientists find way to increase length of human telomeres su Medical News Today, January 26, 2015. Si riporta un passo: "To increase telomere length, the team used a modified type of ribonucleic acid (RNA) that contained the coding sequence of TERT. TERT is the active component of telomerase – an enzyme expressed by stem cells that maintains the health of telomeres as they are passed to the next generation. Though stem cells express TERT, the searchers note that most other cell types do not. In their study, the researchers explain that introducing as few as three applications of the modified RNA (called modified TERT mRNA) to human cells over a few days increased telomere length by up to 10%. Young humans possess telomeres that are around 8,000-10,000 nucleotides long, the team notes, but the modified TERT-encoding RNA increased telomere 174 length by around 1,000 nucleotides. I ricercatori cui si riferisce l'articolo sono: John Ramunas, PhD, and Eduard Yakubov, PhD. Essi hanno pubblicato i risultati delle ricerche su The FASEB Journal, "Transient delivery of modified mRNA encoding TERT rapidly extends telomeres in human cells" su The FASEB Journal, 0892 6638/15/0029-1930

[7] Il RNA messaggero retrotrascrive il DNA a livello epatico in 6 minuti, cfr.,«Intracellular Reverse Transcription of Pfizer BioNTech COVID-19 mRNA Vaccine BNT162b2 In Vitro in Human Liver Cell Line" nel Current Issues in Molecular Biology Journal , pubblicato su Curr. Issues Mol. Biol. 2022, 44, 1115–1126. https://doi.org/10.3390/cimb 44030073 e su MDPI, autori Markus Aldén, etc.). Altre ricerche sono more tempore state pubblicate. Causa la natura del presente studio si rimanda alla pubblicistica specializzata in materia.

[8] Si veda M.R. Montebelli ,"Ecco come si allungano i telomeri scoperta la fontana dell'eterna giovinezza?" su Scienza e Farmaci, 27.01.2015

cellula. "Poiché i nostri cromosomi sono pezzi lineari di DNA, si è evoluta una struttura chiamata telomero che protegge le estremità naturali dei cromosomi dal riconoscimento di un danno al DNA", ha spiegato Karlseder a Live Science. Ogni volta che una cellula si divide, una parte della sequenza ripetuta in un telomero viene persa. Quando i telomeri diventano troppo corti per funzionare efficacemente, una cellula muore o smette di dividersi. Poiché la maggior parte delle cellule non può rigenerare i telomeri, questi si accorciano con l'età. La velocità di accorciamento dei telomeri è stata associata anche al tasso di invecchiamento.[9] In un tranquillo rifugio per cani in Florida, la scienza può riscrivere le regole dell'invecchiamento. Zeus, un pastore tedesco di 12 anni dato per spacciato, è tornato dalla soglia della morte grazie a una pillola che allunga i telomeri. La terapia a base di Telomir-1 non ha solo eliminato il suo cancro, ma ha anche ridato mobilità a Benson, un Terranova artritico. Ora, mentre i test sui cani si incrementano, i ricercatori guardano con ottimismo ai futuri test umani: la strada per una vita più lunga e sana potrebbe trovarsi sullo stesso cammino dei nostri amici a quattro zampe.[10] Ovvio che le élites siano ormai consapevoli del fatto che l'immortalità sia un traguardo sempre più vicino e che siano anche edotte sui tempi di massima entro i quali il genere umano riuscirà a conseguirla. storico Lo affermavano i transumanisti già nei primi anni duemila ed il periodo corrisponde prossimamente davanti a noi. agli anni che abbiamo La storia del cane resuscitato, assumendo una pillola che allunga i telomeri ringiovanendo il soggetto, ha ridato speranza alla ricerca, la cui sperimentazione sugli umani incomincerà nel 2025. L'importanza della lunghezza telomerica è conosciuta ormai da decenni ed è per questo che i transumanisti si interrogano già da almeno 20 anni sul tema della procreazione, ritenendo che dovessimo scegliere fra l'immortalità ed il poter avere dei figli.[11] Se l'esperimento sul cane Zeus ha dato un improvviso ottimismo sul tema dell'amortalità, uno studio contemporaneo ha frenato ogni facile entusiasmo. a scienza dei telomeri: quelli lunghi non sono il

---

[9] "I telomeri: cosa sono e che impatto hanno sull'invecchiamento" su Scienze e no, 01.03.2023
[10] Vedi Qua la zampa: un farmaco allunga la vita dei cani. E forse la nostra. www.futuroprossimo.it del 22 agosto 2024
[11] Ci riferiamo alle notizie date da Ugo Fuoco, sul suo canale Telegram

segreto della longevità (né della buona salute) Nel 2005, in un'epica conferenza il biogerontologo eugenetista e transumanista, Aubrey De Grey, affermò:

> "La morte è solo un problema metabolico. Vivremo 1000 anni. Stiamo già sconfiggendo la morte." "La malattia metabolica della morte la sconfiggeremo. I primi risultati li avremo fra 15 o 20 anni"

Ovvero, oggi. Aggiungeva poi: "'Ci sarà un problema di sovrappopolamento. Dovremo procreare poco per vivere a lungo". Per i transumanisti questa conferenza[12] costituisce una pietra miliare. De Grey è uno dei massimi esponenti mondiali del transumanesimo. Il transumanista francese Laurent Alexandre viene considerato un eugenetista (possiede aziende di nanobiotecnologie come la Dnavision ed è socio di almeno altre quindici) ed è amatissimo negli ambienti di destra ed estrema destra in Francia. Questo medico francese afferma che esiste una lobby transumanista potentissima e che il suo obiettivo sia l'immortalità. Ritiene che uomo e macchina si fonderanno a brevissimo e che modificheremo l'essere umano geneticamente. Le persone, spaventate dall'intelligenza artificiale accetteranno modificare geneticamente, i propri figli con le nanobiotecnologie.[13]

Harari[14] è stato intervistato dalla RAI ove ha dichiarato che

> "L'essere umano diventerà un prodotto con la bioingegneria e che saremo cyborg".

Il pensiero transumanista è chiaro. L'essere umano così come lo conosciamo è finito, è un impianto obsoleto che va modificato geneticamente per fondersi con le macchine e dar vita ad una nuova specie sostanzialmente inorganica e sterile. L'onnipresente Yuval Harari in un'altra intervista

---

[12] Conferenza pubblicata sul canale: t.me/ugofuoco/2280
[13] Dominique Perrin, in Transhumanisme: l'homme qui veut nous rendre immortels, su https://www.gqmagazine.fr/ del 29 mars 2016
[14] Recentemente, Ignazio Visco (Governatore della Banca d'Italia fino al 31 ottobre 2023) ha citato Harari in qualità di sua guida
ideologica. Vedi la dichiarazione di Visco su t.me/ugofuoco/2857

affermava:

> "Non dobbiamo attendere il Secondo Avvento di Cristo per risolvere il problema della morte. Lo stiamo già facendo modificando l'essere umano con l'ingegneria genetica". "In tutto il mondo le aziende stanno investendo miliardi per sconfiggere la morte". "Nella Silicon Valley l'uguaglianza non è prevista ma l'immortalità lo è".[15]

A chiarire ancora la posizione transumanista è intervenuto Jaques Attali, portavoce delle elites globaliste.

> "Avremo un governo mondiale con delle regole. Ci saranno 150 milioni di persone che avranno tutte le libertà compresa quella genetica (potranno scegliere chi essere), 5/6 miliardi di esseri umani miserabili e qualche milione appartenente ad una classe intermedia terrorizzata dal diventare miserabile".[16]

TELOMERI, GLORIOSO CARRO PER L'AMORTALITA' (O PER IL CANCRO?)

I telomeri lunghi non ritardano l'invecchiamento, piuttosto, sarebbero collegati a un maggior rischio di ammalarsi di cancro. Ora studio pubblicato sulla prestigiosa rivista scientifica New England Journal of Medicine[17] sembra sovvertire le poche certezze che credevamo di avere su queste strutture.

---

[15] Intervista pubblicata sul canale t.me/ugofuoco/2240
[16] Articolo "Quand Jacques Attali promet un gouvernement mondial, 150 millions de nomades de luxe et six milliards de nomades pauvres" su Nouvelles de France, del 30 agosto 2022. Si veda la conferenza tenuta da Attali e pubblicata su Twitter
https://x.com/jylgallou/status/1564121505952309250
[17] "Familial Clonal Hematopoiesis in a Long Telomere Syndrome", Authors: Emily A. DeBoy, B.S., Michael G. Tassia, Ph.D., Kristen E. Schratz, M.D., Stephanie M. Yan, B.A. https://orcid.org/0000-0002 6880-465X, Zoe L. Cosner, M.D., Emily J. McNally, B.S., Dustin L. Gable, M.D., Ph.D., +5, and Mary Armanios, M.D. Published May 4, 2023, N Engl J Med 2023;388:2422-2433, DOI: 10.1056/NEJMoa2300503 VOL. 388 NO. 26

«Si pensava che i telomeri corti fossero un male - le persone con sindromi da invecchiamento precoce li hanno così - perciò, per analogia, si è pensato che i telomeri lunghi fossero un bene, e più lunghi ancora meglio»,

spiega al New York Times Mary Armanios, oncologa della Johns Hopkins University School of Medicine che ha firmato la ricerca. Ma come spesso accade nella scienza le cose non sono così semplici. Secondo il nuovo studio, causerebbero una predisposizione al cancro e a una condizione chiamata ematopoiesi clonale del potenziale indeterminato (CHIP), un processo biologico di invecchiamento del sangue relativamente frequente nelle persone anziane, associato a un aumento del rischio di tumori del sangue e di morte per eventi cardiovascolari. Nel giusto mezzo. Il lavoro di Armanios che è durato 20 anni è partito dalla constatazione che la lunghezza dei telomeri sembra dover rimanere in un determinato intervallo, non troppo corta né troppo lunga, come se ci fosse un "prezzo da pagare" per telomeri a una delle due estremità dello spettro. Studi osservazionali, che non dimostravano un rapporto di causa effetto, suggerivano che chi ha telomeri più corti della media corre un rischio aumentato di malattie immunitarie o degenerative, nonché di fibrosi polmonare (una malattia respiratoria), e che chi li ha più lunghi ha un rischio aumentato di ammalarsi di cancro. La scienziata ha lavorato su quest'ultima ipotesi studiando 17 persone di 5 diverse famiglie con una mutazione genetica, la POT1, che comporta telomeri più lunghi del normale e anche un maggiore rischio di cancro (che però finora non si pensava dovuto alla lunghezza dei telomeri). Queste persone, dai 7 agli 83 anni di età, non solo soffrivano di varie forme di tumori benigni o maligni ma anche, in alcuni casi, di emopoiesi clonale. Il team è riuscito a dimostrare che sono proprio i telomeri extra lunghi a provocare sia il cancro sia la malattia del sangue. Nelle persone affette dalla mutazione POT1, 25 i telomeri non si accorciano ad ogni divisione cellulare, e rimanendo lunghi non sono in grado di porre un freno alla vita delle cellule, che continuano a duplicarsi e hanno quindi più

L'UOMO CIBERNETICO

Per introdurre il tema vediamo come l'autore Johannes Mosmann riassume i deliri digitali trans-umanisti sopraccennati:

> "La Silicon Valley sta lavorando su due grandi obiettivi umani: 1. rendere superflui gli incontri interpersonali mediante una tecnologia appropriata ("digitalizzazione") e 2. estendere l'aspettativa di vita dei corpi ormai isolati attraverso la loro ottimizzazione tecnica. Dalla crisi del coronavirus, tutti hanno potuto sperimentare di persona come si intreccino questi due campi di lavoro nella Silicon Valley. In un colpo solo, la vita sociale è diventata il riflesso esatto della mentalità del tecnocrate".[18]

Per l'ingegnere capo di Google Ray Kurzweil, la biologia è un "processo software":

> La biologia è un processo software. I nostri corpi sono costituiti da trilioni di cellule, tutte controllate da questo processo. Tu ed io eseguiamo software obsoleto nel nostro corpo che si è sviluppato in un tempo completamente diverso.[19]

Kurzweil vede le persone come sistemi software e hardware per i quali è il momento di installare gli aggiornamenti.
Questa mentalità è alla base dei sieri a mRNA (tra poco ne parleremo).
L'azienda Moderna scrive, in proposito, sul suo sito web che il DNA è il disco rigido umano ("storage"), l'RNA è il sistema operativo ("software") e le proteine sono l'applicazione ("application").
Un titolo recita:

> Le nostre medicine a mRNA "The Software of Life". Moderna sta lavorando per portare un nuovo e migliore sistema operativo agli esseri

---

18 https://www.dreigliederung.de/essays/2020-05-johannes-mosmann-corona-virus-menschheit-am-scheideweg
19 https://t3n.de/news/silicon-valley-tod-ueberwinden-638284/

umani. Nel nostro caso, il "programma" o "app" è il nostro farmaco mRNA, l'unica sequenza di mRNA responsabile di una proteina codificata.[20]

Per i trans-umanisti, l'umano contemporaneo è una macchina, un robot che necessita di un aggiornamento software. Ovviamente, da questo punto di vista, un aggiornamento una tantum non è sufficiente. Uno è necessario ogni pochi mesi, come sappiamo dai nostri computer.[21]
Per trasformare l'uomo in una macchina serve la biomedicina e una specifica ingegneria.
Vediamo come Yuval Harari, uno dei *maître à penser del* W.E.F., annuncia il futuro dell'ingegneria biomedica:

> (essa)ci farà compiere un passo ulteriore innestando sul corpo organico strumenti non organici come le mani bioniche, gli occhi artificiali o milioni di *nanobot* che navigheranno nel nostro sangue (...).[22]

Una rivista tedesca recentemente ha così presentato il tema dei *nanobots:*

> I robot in miniatura del futuro saranno abbastanza piccoli da galleggiare nel flusso sanguigno. Potranno essere guidati magneticamente e rilasciare principi attivi con precisione millimetrica. Potranno afferrare, aggrapparsi alle pareti cellulari e catturare particelle. Fondamentalmente, non c'è quasi nulla che non possano fare", affermano i ricercatori del Max Planck Institute for Intelligent Systems (MPI IS). (...) Il luogo principale in cui possono essere schierati gli eserciti di minirobot è la Ingegneria Biomedica. I minirobot possono essere inseriti nel corpo umano in modo minimamente invasivo per introdurre con precisione principi attivi, prelevare campioni o intervenire microchirurgicamente. Dal momento che le Magnetic Soft Machine non si attivano al di fuori dei campi magnetici di controllo, gli effetti collaterali indesiderati rimangono piccoli.[23]

---

20 https://www.modernatx.com/mrna-technology/mrna-platform-enabling-drug-
21 T.Meyer, Corona-Impfungen aus spiritueller Sicht, isbn 97838906008105, 2021, pag.283
22 Harari Y.N. "Homo Deus", Milano 2017, pag. 73
23   https://www.heise.de/hintergrund/Winzige-magnetisch-steuerbare-Roboter-fuer- die-Medizin-6121797.html

Anche gli animali sono telecomandati da nanoparticelle:

> Le nanoparticelle magnetiche di nuova concezione possono essere utilizzate per controllare a distanza il comportamento di canali ionici, neuroni e persino animali. I fisici americani hanno ora dimostrato con esperimenti che funziona. (...) «Puoi vedere nel video che i vermi inizialmente strisciano normalmente. Quando accendiamo il campo magnetico che riscalda le nanoparticelle a 34°C, la maggior parte dei vermi si gira», spiega Pralle. "Possiamo usare questo metodo per dirigerli avanti e indietro. Ora dobbiamo scoprire quali altri comportamenti possono essere influenzati in questo modo.[24]

E Klaus Schwab, capo del World Economic Forum, così tratta dei *nano-bots*, grande conquista umana:

> *Smart Dust*, (polvere intelligente), ovvero un'insieme di computer completi con antenne *(nanobots)*, ciascuno molto più piccolo di un granello di sabbia, possono ora organizzarsi all'interno del corpo umano in reti secondo necessità per alimentare un'intera gamma di processi interni complessi[25].

Di nuovo Harari, in un panel di discussione al World Economic Forum, testualmente ha dichiarato:

> bisogna (...) aggiungere al corpo un certo sistema immunitario, il quale non è organico ma inorganico, costituito da milioni di piccolissimi *nanobots* dentro il tuo corpo (...)[26]

---

24 https://www.scinexx.de/news/technik/tiere-durch-nanopartikel-ferngesteuert/
25 Schwab K., Quarta Rivoluzione Industriale", Franco Angeli, 2016, pag. 92. I nanobots sono stati fotografati più volte in vari studi scientifici: per uno di essi vedi Pablo Campra, "Microstructures in covid vaccines: inorganic crystals or Wireless Nanosensors Network?" November 2021- Project: Counteranalysis Of Covid Vaccines, Universidad de Almería (https://www.researchgate.net/publication/356507702_microstructures_in_covid_vaccines_inorganic_crystals_or Wireless_ Nanosensors_Network.
26 N.Y..Harari video di un discorso al WEF pubblicato da RealWorldNewsChannel (nostra traduzione)

Circa i nanobots nel corpo umano va citato il chimico prof. Charles Lieber, già arrestato dal FBI a gennaio 2020 per cooperazione con l'Università Cinese di Wuhan, il quale ha sviluppato nanotecnologia medica per una comunicazione wireless tra cervello umano e un computer attraverso microscopici nanobots.

Sul sito dell'Università di Harvard egli così afferma:

> Stiamo sperimentando l'interfaccia tra nanoelettronica e scienze della vita, dai sensori per il rilevamento di malattie in tempo reale allo sviluppo di nuove cellule cyborg e tessuti ibridi innervati dalla nanoelettronica. Ci stiamo concentrando su un nuovo approccio per integrare l'elettronica nel cervello e in altre aree del sistema nervoso, cosa che prevede il rilascio, non invasivo, a mezzo di siringhe di elettronica *mesh* simile a una rete neurale in regioni cerebrali distinte mirate."[27]

---

[27] "We are pioneering the interface between nanoelectronics and the life sciences, from sensors for real-time disease detection to development of novel cyborg cells and hybrid nanoelectronics-innervated tissues.We are focusing on a novel approach for integrating electronics within the brain and other areas of the nervous system, which involves non-invasive syringe delivery of neural network-like mesh electronics into targeted distinct brain regions", (https://cml.harvard.edu/). Si rimanda agli studi di Lieber sul tema della nanotecnologia iniettata nel corpo umano: A. Zhang, Y. Zhao, S. You, C.M. Lieber, "Nanowire probes could drive high-resolution brain-machine interfaces,"Nano Today Doi: 10.1016/J.Nantod.2019.100821, 9 Dec 2019; M. SiStani, J. Delaforce, R. B. G. Kramer, N. Roch, M. A. Luong, M.I. Den Hertog, E. Robin, J. Smoliner, J. Yao, C.M. Lieber, C. Naud, A. Lugstein, O. Buisson, "Highly transparent contacts to the 1D hole gas in ultrascaled Ge/Si core/shell nanowires,"Acs Nano 13, 14145−14151 (2019); N.M. Tran, K. Shekhar, I.E. Whitney, A. Jacobi, I. Benhar, G. Hong, W. Yan, X. Adiconis, M.E. Arnold, J.M. Lee, J.Z. Levin, D. Lin, C. Wang, C.M. Lieber, A. Regev, Z. He, J.R. Sanes, "Single-cell profiles of retinal ganglion cells differing in resilience to injury reveal neuroprotective genes,"neuron 86, 21-24 (2019); .S.R. Patel & C.M. Lieber, "Precision electronic medicine in the brain,"Nat. Biotechnol. 37, 1007–1012 (2019); .J.M. LeE, G. Hong, D. Lin, T.G. Schuhmann, A.T. Sullivan, R.D. Viveros, H.-G. Park & C.M. Lieber, "Nano-enabled direct contact interfacing of syringe-injectable mesh electronics,"nano lett. 19, 5818−5826 (2019); Y. ZhAo, S. You, A. Zhang, J.-H. Lee, J.L. Huang & C.M. Lieber, "Scalable ultrasmall three-dimensional nanowire transistor probes for intracellular recording,"Nat. Nanotechnol. 14, 783-790 (2019); R.D. Viveros, T. Zhou, G. Hong, T.-M. Fu, H.Y.G. Lin & C.M. Lieber, "Advanced one- and two-dimensional mesh designs for injectable electronics,"nano lett. 19, 4180-4187 (2019); B. Tian & C.M. Lieber, "Nanowired bioelectric

La cibernetizzazione del cervello a mezzo di nanotecnologia non è, dunque, fantascienza ma realtà tecnologica.[28]

INUTILITA' DELL'ESSERE UMANO E CIBERNETIZZAZIONE

Il programma transumanista sta ora emergendo nella nostra agenda quotidiana.
Il World Economic Forum, vero ponte di comando delle politiche globaliste che ha dettato la linea degli Stati durante la recente pandemia, da qualche anno emana raccomandazioni ai cosiddetti "decisori" politici al fine di una coerente e veloce corsa alla transizione digitale dell'umanità, sempre associata, si capisce, ad una contestuale transizione verde.
Harari, l'influente consulente del World Economic Forum (club di Davos)[29], teorico del trans-umanesimo e della cibernetizzazione dell'uomo, in una recente intervista ha affermato:

---

interfaces,"CHEM. REV. 119, 9136−9152 (2019); G. Hong & C.M. Lieber, "Novel electrode technologies for neural recordings,"Nat. Rev. Neurosci. 20, 330-345 (2019). X. Yang, T. Zhou, T.J. Zwang, G. Hong, Y. Zhao, R.D. Viveros, T.-M. Fu, T. Gao & C.M. Lieber, "Bioinspired neuron-like electronics,"Nat. Mater. 18, 510-517 (2019).

28 Sul tema si veda, A.Vato, Arrivano i cyborg, dove le neuroscienze e bioingegneria si incontrano (pag. 49 e ss.) e A.Gambino, Homo cyborg: una introduzione al tema (pag.13 ess.) R.Sorbello, Parlare e interagire con un robot umanoide. tra mente naturale e mente digitale (pag. 63 e ss.) e A.Menciassi, Robotica bio-applicata e bio-ispirata: diverse applicazioni, diverse interfacce (pag. 73 e ss.) P.G.Liverani, Homocyborg (pag. 119 e ss) su Homo Cyborg il futuro dell'uomo, tra tecnoscienza, intelligenza artificiale e nuovo umanesimo, atti del XVI Convegno Nazionale e del XVIII Incontro Associazioni territoriali Roma, 25 maggio 2018, I Quaderni di Scienza & Vita, agosto 2020, Cantagalli

29 Wikipedia (fonte "molto mainstream") definisce il WEF come una fondazione senza fini di lucro con sede a Cologny, vicino a Ginevra, in Svizzera, nata nel 1971 per iniziativa dell'economista ed accademico Klaus Schwab. La fondazione organizza ogni inverno, presso Davos in Svizzera, un incontro tra esponenti di primo piano della politica e dell'economia internazionale con intellettuali e giornalisti selezionati, per discutere delle questioni più urgenti che il mondo si trova ad affrontare, anche in materia di salute e di ambiente. Oltre a questo incontro annuale, il Forum economico mondiale organizza ogni anno un meeting in Cina e negli Emirati Arabi Uniti e diversi incontri a livello regionale. La Fondazione produce anche una serie di rapporti di ricerca e impegna i suoi membri in specifiche

> Governi e corporations per la prima volta nella storia hanno il potere di *hackerare* esseri umani. (...) e poi si possono manipolare in modi che erano prima impossibili e in questo modo il vecchio sistema democratico smette di funzionare. Dobbiamo reinventare la democrazia in quest'era ove gli esseri umani sono animali *hackerabili*. Tutte quelle storie per cui avremmo un'anima e un libero arbitrio e per cui nessuno sa cosa abbiamo dentro e possiamo scegliere liberamente sono finite.[30]

Per questo Harari precisa che gran parte della popolazione è inutile (*useless people*) e irrilevante:

> La fusione di infotech e biotech potrebbe presto spingere miliardi di esseri umani fuori dal mercato del lavoro e minare sia la libertà che l'uguaglianza. Gli algoritmi dei Big Data potrebbero creare dittature digitali in cui tutto il potere è concentrato nelle mani di una piccola élite mentre la maggior parte delle persone non soffre di sfruttamento ma di qualcosa di molto peggio: l'irrilevanza".[31] "Forse nel 21° secolo le rivolte populiste saranno inscenate non contro un'élite economica che sfrutta le persone, ma contro un'élite economica che non ne ha più bisogno. È molto più difficile lottare contro l'irrilevanza che contro lo sfruttamento". "La rivoluzione tecnologica potrebbe presto spingere miliardi di esseri umani fuori dal mercato del lavoro e creare una nuova màssiccia "classe inutile", portando a

---

iniziative settoriali. Aggiungo che a tali incontri partecipano quali stakeholders e finanziatori le più grandi multinazionali della finanza, della tecnologia (BigTech), della farmaceutica (BigPharma), etc., oltre che i maggiori rappresentati dei più importanti Stati al mondo. Si segnala l'iniziativa Global Shapers Community. Nata nel 2011 da una iniziativa del World Economic Forum, la Global Shapers Community è un network di giovani, tra i 18 ed i 33 anni, motivati a creare un impatto positivo nella propria città. I giovani "shapers" selezionati dal World Economic Forum hanno lo scopo di fare da guida alle nuove generazioni nella scelta del loro futuro. Puntualizzo che più che fare da guida molti di costoro sono diventati premier e ministri di tanti dei Governi dei più importanti Stati del mondo.
30 Intervista ad Harari Y.N. su https://youtu.be/NV0CtZga7qM (nostra traduzione dell'intervista)
31 Harari Y.N., 21 Lessons for the 21st Century, Spiegel&Grau, 2018

> sconvolgimenti sociali e politici che nessuna ideologia esistente [liberalismo, nazionalismo, Islam o qualche nuovo credo] sa come gestire[32]

Come dice Harari in varie interviste, si rischia di avere un diffusissimo proletariato di persone che non avranno seguito le modifiche transumaniste e, conseguentemente, non avranno cervello e corpo connessi in rete, a mezzo di sensor biometrici e interfacce neurali.

> Essi non saranno, dunque, in grado di sopravvivere perché da una parte il sistema immunitario dipenderà dalla connessione nel network e poiché verranno rifiutati dal mercato del lavoro tanto come servitori che come schiavi. Solo una ristretta elite di umani "upgraded", che possiederanno gli algoritmi principali di Google o Facebook, avrà il potere economico e politico

secondo Harari.

L'uomo inutile deve, dunque, mutare per potere competere con le macchine, secondo tale pensatore.

Anche Elon Musk, l'imprenditore proprietario di Tesla e che vuole inviare la razza umana su Marte, crede che di fronte allo sviluppo dell'intelligenza artificiale, gli esseri umani devono fondersi con le macchine per migliorare l'intelletto ed essere competitivi con esse.[33]

Di nuovo Harari dice nel suo fortunato libro *"Homo Deus"*

> gli uomini stanno cercando di elevarsi al rango di dei[34]. (...) L'innalzamento degli uomini al rango divino può avvenire seguendo indifferentemente tre

---

32 Circa le politiche transumaniste portate avanti dalle elites del Gruppo di Davos si rimanda all'illuminante saggio di Tonelli, A. Nel nome di Sophia, un manifesto contro il transumanesimo, Agorà & Co, 2022, a I.Bifarini, Il grande Reset, dalla pandemia alla nuova normalità, 2020 e, in ordine all'avvenuta devastazione del tessuto dei diritti civili e costituzionali, a Mattei, U. Il diritto di essere contro, Piemme, 2022

33 R.Mc Kie, No death and an enhanced life: Is the future transhuman? The Guardian, 6 maggio 2018

34 Harari Y.N. "Homo Deus", Milano 2017, pag. 72

strade: le biotecnologie, l'ingegneria biomedica e l'ingegnerizzazione di esseri non organici.

Nel presente breve saggio ci occuperemo dei primi due approcci, lasciando a ulteriori approfondimenti l'ultimo tema anche con riferimento al rapporto tra tali esseri non organici e l'uomo.[35]

LA RETE DELL'INTERNET DEI CORPI

La rivoluzione transumanista si fonderà, secondo molti, sul "*Internet of Bodies*" (IoB), che si basa a sua volta sull'attuale "*Internet of Things*" (IoT), dei dispositivi già oggi presenti in molte case, come Alexa o Google Home. L'imminente IoT sarà una rete fisica di dispositivi connessi a Internet che raccolgono e trasferiscono, mediante la rete 5G, dati gli uni agli altri, indipendentemente dall'intervento umano.

Le applicazioni pratiche dell'IoT includono i già esistenti dispositivi "*Smart*

---

[35] Isaac Asimov nel 1942 coniò le tre legge della robotica: 1.un robot non può creare danno a un essere umano nè può permettere che a causa di un suo mancato intervento un essere umano riceva danno; 2. un robot deve obbedire agli ordini impartiti dagli esseri umani, purché tali ordini non contravvengano alla prima legge; 3. un robot deve proteggere la propria esistenza, purchè questa autodifesa non contrasti con la prima e con la seconda legge. Cfr., I.Asimov, Io, robot, in I Massimi della Fantascienza n° 42, traduzione di Laura Serra, Arnoldo Mondadori Editore, 2004. Sempre Asimov nel suo racconto The Bicentennial Man, scrisse che l'umanità dovrà affrontare una nuova realtà in cui la macchina cesserà di essere una macchina e diventerà uno stile di vita valido come quello dell'essere umano. Elon Musk, fondatore di Tesla e creatore del Tesla Bot, in una intervista dice che "L'intelligenza artificiale diventerà solo un'altra forma di vita sulla Terra, consapevole di sé, che vive come un essere indipendente sui piani fisici e virtuali dell'esistenza. Quindi l'essere umano dovrà smettere di essere il proprietario e il robot dovrà smettere di essere uno schiavo." (cfr. https://focustech.it/2022/01/11/robot-tesla-bot-elon-musk-545520). Il robot LaMda, (Language Model for Dialogue Applications), ossia un "chatbot" presentato da Google durante la conferenza per sviluppatori nel 2021, sembra essere già una realtà attuale in questo senso: passando al mondo dei sentimenti, LaMda dice di provare sensazioni ed emozioni in tutte le loro sfumature: "piacere, gioia, affetto, tristezza, compassione, appagamento, rabbia e tante altre" (cfr., Blake e LaMda: quella coscienza che nessun algoritmo più "contare", sul sussidiario.net, 22.08.2022, di G.L. Barbero)

Home", per la casa, "*Smart City*" per le città, l'assistenza medica guidata dall'AI; la gestione della catena di approvvigionamento e i processi agricoli e di produzione, etc.[36]

Notiamo che, mentre scriviamo, sulle autostrade italiane sono apparsi migliaia di pali neri distanziati 200 metri l'uno dall'altro. Più che fungere da stazioni di ricarica dei droni, come dicono i media, è chiaro che si tratta di torri di reti 5g[37] per la guida computerizzata delle auto e dispositivi di controllo.

Come nasce l'idea della rete dei corpi?

Lo scienziato Bill Joy tenne una conferenza sulla comunicazione da dispositivo a dispositivo al World Economic Forum nel 1999.

Un anno dopo, Joy scrisse:

> Le nostre più potenti tecnologie del 21° secolo - robotica, ingegneria genetica e nanotecnologia - minacciano di rendere gli esseri umani una specie in pericolo.[38]

L'"Internet dei corpi" sarà creato collegando gli esseri umani direttamente all'Internet delle cose attraverso dispositivi che possono essere "impiantati,

---

[36] Vedere la sezione "Applicazioni" del sito Pagina Wikipedia dell'IoT per maggiori informazioni.

[37] Sui controversi effetti negativi del 5g sul corpo umano si veda: "Electromagnetic field induced biological effects in humans", di Jolanta Kaszuba-Zwoińska, Jerzy Gremba, Barbara Gałdzińska-Calik, Karolina Wójcik-Piotrowicz, Piotr J Thor, PMID: 27012122, "Europaem Emf Guideline 2016 for the prevention, diagnosis and treatment of EMF-related health problems and illnesses", di Belyaev I, Dean A, Eger H, Hubmann G, Jandrisovits R, Kern M, Kundi M, Moshammer H, Lercher P, Müller K, Oberfeld G, Ohnsorge P, Pelzmann P, Scheingraber C, Thill R.Rev Environ Health. 2016 Sep 1;31(3):363-97. doi: 10.1515/reveh-2016-0011.PMID: 27454111 Review, e ancora "Electromagnetic hypersensitivity-an increasing challenge to the medical profession", di HEdEndahl L, Carlberg M, Hardel L.Rev Environ Health. 2015;30(4):209-15. doi: 10.1515/reveh-2015-0012.PMID: 26372109 Review, "Electromagnetic hypersensitivity (EHS, microwave syndrome) - Review of mechanisms", di Stein Y, Udasin IG.Environ Res. 2020 Jul;186:109445. doi: 10.1016/j.envres.2020.109445. Epub 2020 Mar 30.PMID: 32289567.

[38] B. Joy, Why The Future Doesn't Need Us, April 2000 Wired magazine

inghiottiti[39] o indossati".

L'IoB è una rete di dispositivi interconnessi che raccoglie dati sui corpi umani (registrazione delle attività fisiche, salute, ecc.). e modifica le loro funzioni biologiche, es., con lenti a contatto si può trasmettere le pubblicità di YouTube direttamente negli occhi.

Uno dei casi più eclatanti è quello di Neuralink. Neuralink della GlobCorp di Elon Musk è ufficialmente definito come un "interfaccia cervello-macchina impiantabile [per] la simbiosi umana con l'intelligenza artificiale". In termini profani, ciò significa che la GloboCorp infilerà dei microchip nei cervelli e li collegherà a un supercomputer. Il chip Neuralink ha le dimensioni di una grande moneta; sostituisce un frammento del cranio [40] e si collega direttamente ai neuroni tramite minuscoli fili.

A differenza della maggior parte delle altre tecnologie transumaniste, non si limita a leggere e riferire i dati del corpo, ma può attivamente scrivere dati al cervello. Dal momento che Neuralink può controllare o sovrascrivere le funzioni biologiche delle persone, questa tecnologia può anche controllare i pensieri, le emozioni e i comportamenti.

Il Berliner Zeitung così qualche tempo fa riassumeva gli sviluppi in casa Musk:

> "Il miliardario tecnologico Elon Musk sta facendo progressi nel suo piano per connettere il cervello umano ai computer", scrive il Berliner Zeitung. "Nel fine settimana Musk ha presentato il prototipo di un dispositivo della sua azienda Neuralink in grado di trasmettere informazioni tra i neuroni e uno smartphone. (...) Neuralink lo sta già impiantando nei maiali. (...) "Quindi il dispositivo potrebbe monitorare la salute e, ad esempio, avvertire del rischio di infarto o ictus", ha affermato Musk. Il minicomputer nella

---

39 Mediante una pillola presentata al World Economic Forum dal CEO di una nota casa farmaceutica

40 Per la comunicazione wireless tra un cervello umano e un computer attraverso microscopici "brain interface nanobots" va detto che non necessita fare un buco nella testa (come la Neuralink). Secondo il sopraccitato Lieber Research Group i nanobots iniettati nel sangue consentono detto interfaccia. Cfr. Il sito Lieber Research Group (https://cml.harvard.edu/) e la bibliografia prima citata in nota.

testa dovrebbe comunicare con un'app sullo smartphone tramite la radio Blue Tattooth. (...) "Penso che in futuro sarai in grado di salvare e riprodurre ricordi", ha detto Musk. Allo stesso modo, a un certo punto gli umani potrebbero essere in grado di comunicare direttamente tramite telepatia senza ricorrere alle parole. Una linea di ricerca simile è stata presentata più di tre anni fa da Facebook: la rete online immaginava di poter inviare messaggi agli amici direttamente dalla testa."[41]

Musk sostiene inoltre che la tecnologia Neuralink potrebbe anche essere usata per "caricare e conservare i ricordi come *backup* [e] potenzialmente scaricarli in un nuovo corpo umano o in un corpo robotico" (*plug-in*).[42]

Non è da sottovalutare il preventivato successo della GloboCorp per accedere a messaggi di testo psichici o porno realtà virtuale.

La GloboCorp introdurrà costantemente regolamenti minori e aggiornamenti di *patch* finché, forse un giorno si potrà scoprire improvvisamente di essere biologicamente incapaci di essere in disaccordo con qualcosa o di sviluppare un pensiero critico.

Secondo Scott Amyx - partner delle Nazioni Unite, venditore di *Smart City* ed "esperto della quarta rivoluzione industriale" - Neuralink ha il "potenziale per trasformare il mondo."[43]

Il biotecnologo austriaco Markus Schmidt così commenta: "Senza un chip cerebrale sarai una persona di seconda classe".[44]

---

41 https://www.berliner-zeitung.de/zukunft-technologie/musk-zeigt-prototy-pen-fuer-verbindung-zwischen-gehirn-und-smartphone-li.101963
42 https://forbes.it/2021/02/05/elon-musk-entro-2021-chip-neuralink-cervello-umano/, la presentazione di Musk è a questo link: https://www.youtube.com/watch?v=CLUWDLKAF1M.
43 https://scottamyx.com/2017/07/31/elon-musks-neuralink-potential-transform-world/ Sul tema si veda P.Fedele, Brain control: il joystick mentale per comunicare con il pensiero su Homo Cyborg il futuro dell'uomo, tra tecnoscienza, intelligenza artificiale e nuovo umanesimo, atti del XVI Convegno Nazionale e del XVIII Incontro Associazioni territoriali Roma, 25 maggio 2018, I Quaderni di Scienza & Vita, agosto 2020, Cantagalli, pag.107 e sss.
44 https://www.berliner-zeitung.de/gesundheit-oekologie/ biotechnologe-ohne-gehirnchip-wird-man-ein-mensch-zweiter-klasse-sein-li.171279

IL FUTURO È GIA' QUI, SIGNORE E SIGNORI: IL PRIMO MICROCHIP IN UN CERVELLO UMANO

Il 29 gennaio 2024 Elon Musk comunicava che la sua Neuralink aveva installato il suo primo impianto cerebrale in un essere umano, con "risultati iniziali promettenti". "Il primo essere umano ha ricevuto, ieri (domenica 28 gennaio, ndr), un impianto da Neuralink e si sta riprendendo bene", ha scritto Musk in un post su X, ex Twitter. "I risultati iniziali mostrano un promettente rilevamento dei picchi neuronali", ha aggiunto. Il primo prodotto dell'azienda si chiamerà Telepathy: esso consentirà il controllo del telefono o del computer usando la forza del pensiero, attraverso fili sottilissimi che aiuteranno a trasmettere i segnali nel cervello dei partecipanti. I primi utilizzatori saranno coloro che hanno perso l'uso degli arti. Lo scorso anno Neuralink ha dichiarato di aver ottenuto l'approvazione delle autorità di regolamentazione statunitensi (Food and drug administration) per testare i suoi impianti cerebrali sulle persone. Alla fine dello scorso anno è stato poi avviato il reclutamento dei volontari. La tecnologia di Neuralink funzionerà principalmente attraverso un impianto chiamato "link", un dispositivo delle dimensioni di cinque monete impilate che viene inserito nel cervello umano attraverso un intervento chirurgico invasivo. Neuralink ha chiuso il 2023 con oltre 400 dipendenti e una raccolta di fondi di 363 milioni di dollari.[45] Altri stanno tentando progressi nel campo della "ricerca sull'interfaccia cervello-macchina o cervello-computer", un mezzo di comunicazione diretto tra un cervello (o più in generale parti funzionali del sistema nervoso centrale) e un dispositivo esterno quale, ad esempio, un computer. Elon Musk, Elon Joker Musk, lo chiama Angelo Tonelli, ha unito le forze con lo sviluppatore di impianti Synchron. A differenza del "link" di Neuralink, la sua versione con impianto non richiede il taglio del cranio per installarlo. La Synchron, azienda australiana, ha impiantato il suo primo chip in un paziente statunitense nel luglio 2022. Neuralink sta conducendo studi sugli impianti negli animali, attirandosi critiche da molti attivisti, secondo i quali si sta

---

[45] Vio.Gor., Il primo microchip di Elon Musk è stato impiantato in un cervello umano, su Today Science, del 30 gennaio 2024

abusando dei diritti degli animali violando l'Animal welfare act, la legge che regola come i ricercatori possono trattare ed effettuare esperimenti sugli animali.

I MUTANTI GENETICI

Il 7 ottobre 2020 a Stoccolma è stato assegnato il Premio Nobel per la chimica per un lavoro sulla ricerca e sviluppo del metodo di *gene editing* denominato CRISPR CAS9[46].

La tecnica di *gene editing* prevede un intervento sul DNA attraverso operazioni di inserimento, modifica, sostituzione delle sequenze o delle singole componenti della catena.

Una tecnica, il CRISPR-Cas9,[47] in particolare, deve il suo funzionamento alla proteina Cas9, la quale è in grado di tagliare una determinata sequenza di DNA, individuata attraverso l'RNA messaggero, e rimuoverla, consentendo di impiantare una sequenza diversa al suo posto.[48]

---

[46] alle scienziate Emmanuelle Charpentier (California Berkeley University) e Jennifer A. Doudna (Max Planck Institute Berlino), cfr.,https://www. nobelprize.org/ prizes/chemistry/2020/popular-information/

[47] CRISPR-Cas9 sta per "Clustered Regularly Interspaced Short Palindromic Repeats" (Corte Sequenze che si Ripetono) cui sono associati dei geni Cas (CRISPR associated) che codificano per enzimi capaci di tagliare il DNA (proteine quali nucleasi ed elicasi). Questo meccanismo biologico è stato identificato nei batteri i quali lo utilizzano per difendersi dei virus che li minacciano tagliando il loro DNA in modo specifico. In seguito, le ricercatrici sopraccitate hanno modificato questo strumento adattandolo a nuovi compiti e, invece che tagliare il DNA, lo hanno modificato in modo da sostituire anche singole basi del DNA umano.

[48] Il tema della modificabilità del DNA umano è ancora controverso: "una ricerca dell'Università di Guangzhou (Cina) è stata condotta su alcuni embrioni umani sovrannumerari. Lo studio mirava a eliminare da questi embrioni un determinato gene, portatore di una malattia (beta-talassemia), per sostituirlo con un altro "sano". Dopo la sostituzione, in più della metà degli embrioni sopravvissuti il gene risultava scomparso; tuttavia, in molti degli embrioni si erano verificate mutazioni impreviste. Non stupisce che questo esperimento, coinvolgendo embrioni umani, abbia diviso i ricercatori tra favorevoli e contrari, perché come detto, è coinvolto un essere vivente in fieri", cfr.Solenne V., La regolamentazione dei prodotti ottenuti tramite crispr-cas9, P.S. Legal, 7 marzo 202

Tale tecnologia ha suscitato varie reazioni: essa può essere usata sia per la terapia di malattie genetiche ma anche per il potenziamento di geni esistenti per "disegnare" nuove caratteristiche di una "nuova specie umana".
In un convegno dell'"Associazione Scienza Vita, Alleati per il futuro dell'uomo", struttura, come noto, favorevole al progresso scientifico, sono state sollevate, già nel 2018, alcune preoccupazioni su detta tecnica:

> (...) Avendo già a disposizione la fecondazione in vitro, abbiamo in provetta una quantità di embrioni nei quali è possibile modificare a piacimento la sequenza del loro DNA per ottenere una nuova specie con geni "potenziati". Se la modifica interessa solo una parte dell'organismo, per esempio solo un organo come l'occhio come nell'esempio della retinite pigmentosa, i rischi sono minori; ma se i tentativi di modifiche interessano l'embrione, i rischi sono molto maggiori perché coinvolgerebbero l'intero sviluppo di un nuovo essere e non conosciamo ancora completamente le capacità e i limiti di questa tecnologia. Inoltre, ci sono i presupposti che questa possa essere anche utilizzata ai fini di controllo e pianificazione della specie in modo artificiale. (...) Non è detto che vedere delle varianti sul DNA in epoca embrionale voglia dire che tale caratteristica poi si manifesterà! Infatti, non tutti gli effetti di ciò che è scritto sul DNA si manifesteranno! Vi sono mutazioni sul DNA che possono rimanere silenti per tutta la vita e solo l'interazione con l'ambiente potrebbe renderle manifeste.[49]

Le preoccupazioni hanno trovato successiva conferma in vari studi scientitifici susseguitisi nel corso del 2022.
Sul tema un gruppo di ricerca dell'Università di Lund (Svezia)[50] ha

---

49 D.Coviello, Gene editing: il cambiamento della specie umana su Homo Cyborg il futuro dell'uomo, tra tecnoscienza, intelligenza artificiale e nuovo umanesimo, atti del XVI Convegno Nazionale e del XVIII Incontro Associazioni territoriali Roma, 25 maggio 2018, I Quaderni di Scienza & Vita, agosto 2020, Cantagalli, pag. 59-60
50 Trattasi di un articolo sottoposto a revisione paritaria intitolato "Intracellular Reverse Transcription of Pfizer BioNTech COVID-19 mRNA Vaccine BNT162b2 In Vitro in Human Liver Cell Line" nel Current Issues in Molecular Biology Journal , pubblicato su Curr. Issues Mol. Biol. 2022, 44, 1115–1126. https://doi.org/10.3390/cimb44030073 e su MDPI, autori MaRkus Aldén, Francisko Olofsson Falla, Daowei Yang, Mohammad Barghouth, Cheng Luan, Magnus Rasmussen eYang De Marinis.

pubblicato uno studio, oggetto di revisione paritaria, pressoché sconosciuto in Italia ma che ha avuto grande risonanza all'estero. Ha scoperto che il frammento di RNA messaggero dei sieri di una nota marca farmaceutica ha causato "cambiamenti" nell'espressione dell'elemento nucleare 1 (LINE-1), un componente del genoma.

In tale saggio, pubblicato il 25 febbraio 2022, il team ha stabilito che al fine di creare copie di DNA di Long Interspersed Nuclear Element (LINE-1) che possano essere inserite nel genoma in varie posizioni, la LINE-1 è stata trascritta inversamente nel DNA nella linea cellulare del fegato entro sei ore dall'esposizione.

In altre parole, il mRNA BNT162b2 è risultato trascritto a livello intracellulare nel DNA

Questo significa che il DNA, modificato dal mRNA BNT162b2, può essere integrato nel genoma dell'ospite e influenzare l'integrità del DNA genomico.

Anche con riferimento a sieri a vettore adenovirale il prof. Doerfler, in un'altro studio[51], ha scritto: «L'RNA di SARS-CoV-2 o suoi segmenti, come il gene spike, può essere retrotrascritto dalle trascrittasi inverse codificate da LINE-1 o da altri fattori, e il DNA così sintetizzato può integrarsi a frequenze e posizioni sconosciute nel genoma dei soggetti sottoposti a quei preparati medici a vettore adenovirale".

Altro studio dell'aprile 2022, con revisione paritaria, asserisce che la proteina Spike è neurotossica e danneggia il sistema di riparazione del DNA.[52]

Per inciso va detto che la molecola del mRNA, che porta le istruzioni per la produzione delle proteine Spike, produce il DNA complementare o, DNA

---

51 Walter Doerfler, Adenoviral Vector DNA- and SARS-CoV-2 mRNA-Based Covid-19 Vaccines: Possible Integration into the Human Genome - Are Adenoviral Genes Expressed in Vector-based Vaccines?, Virus Research 302 (2021) 198466, https://doi.org/10.1016/j.virusres.2021.198466

52 "Innate immune suppression by SARS-CoV-2 mRNA immunizzations: The role of G-quadruplexes, exosomes, and MicroRNAs" di Stephanie Seneff, Greg Nigh, Anthony M. Kyriakopoulos, Peter A. Mccullough pubblicato su Food and Chemical Toxicology Volume 164, June 2022, 113008

sintetico.[53] Vedremo tra poco che, secondo la Corte Suprema USA, il DNA complementare, quello creato dal RNA messaggero, è brevettabile.

In un saggio, revisionato paritariamente e pubblicato il 2 settembre 2022, quattro scienziati della Thomas Jefferson University di Philadelphia,[54] dopo uno studio su topi, hanno affermato che dosi di sieri ripetute e soprattutto ravvicinate nel tempo sembrano compromettere in maniera direttamente proporzionale la capacità del sistema immunitario di proteggere gli individui dai patogeni. E, cosa ancora più temibile, è possibile che i danni al genoma siano trasmissibili alla prole.

In un saggio in pre-print, pubblicato il 27 settembre 2022, vengono esposte ulteriori preoccupazioni sul tema. Secondo gli autori (vedi nota) l'mRna della Spike può diventare patrimonio stabile del genoma dell'individuo somministrato. L'mRna maturo per la Spike, cioè la forma pronta per essere tradotta in proteina senza alcuna altra funzione, può passare dal citoplasma della cellula (dove di solito dovrebbe esaurire tutte le sue funzioni) al nucleo, all'interno del quale è contenuto il patrimonio genetico di un organismo. Questo può enormemente favorire i processi di conversione dell'Rna della Spike verso il Dna e la susseguente integrazione nel genoma umano. Gli autori, infine, richiamano l'attenzione sull'assenza di indagini approfondite

---

53 . Sul tema del DNA complementare vedi il sito governativo statunitense del National Library of Medicin.e

54 "Pre-exposure to mRNA-LNP inhibits adaptive immune responses and alters innate immune fitness in an inheritable fashion" di Zhen Qin, Auré´Lie Bouteau, Christopher Herbst, Botond Z. Igyarto su PLOS Pathogens, https://doi.org/ 10.1371/journal.ppat.1010830 September 2, 2022. Nello studio i ricercatori hanno testato topi di laboratorio con sieri ad mrna per valutare la salute immunitaria della prole. Hanno inoculati alcuni animali, non tutti, lasciando che vi fossero sia femmine che maschi non immunizzati. Hanno in seguito favorito l'accoppiamento dei topi in maniera mista: tra immunizzati, tra immunizzati e non immunizzati, e infine tra non immunizzati soltanto. Si sono poi verificati i dati immunitari dei piccoli, fino alla quarta generazione, provenienti da ognuna delle coppie formatesi tra DI (padre immunizzato, madre no), MI (madre immunizzata, padre no), DMI (padre e madre immunizzati) e DMN (padre e madre non immunizzati). Le istruzioni a mrna erano ancora presenti nelle generazioni dei genitori immunizzati, e quindi erano state trasmesse, mentre non erano presenti in quelle dei genitori non immunizzati. La verifica é stata fatta attraverso l'esposizione al virus e l'analisi della reazione di ciascun topo.

circa la genotossicità dei sieri a mRna, malgrado il numero enorme di inoculi compiuti in tutto il mondo.[55]

Un nuovo studio, sottoposto a revisione paritaria, conferma ulteriori warnings sul tema.[56] L'integrazione del codice genetico dei virus a RNA nel

---

[55] "I fabbricanti di vaccini hanno sempre dichiarato che l'mRna somministrato con la vaccinazione non può penetrare nel nucleo cellulare e da qui innestarsi nel patrimonio genetico umano, lo stesso viene sostenuto dai governi e dalle agenzie regolatorie del farmaco anche se da tempo autorevoli studi stanno dimostrando il contrario. Da due anni e mezzo garantiscono che sia l'mRna del vaccino, sia le proteine prodotte nelle cellule, sono rapidamente eliminati dall'organismo [...]. Mentre abbiamo visto che la Spike [...] può persistere a lungo." Si veda "Nuclear translocation of spike mRNA and protein is a novel pathogenic feature of SARS-2 CoV-2." di SaRah Sattar, Juraj Kabat, Kailey Jerome, Friederike Feldmann, Kristina Bailey e Masfique Mehedi del Department of Biomedical Sciences, University of North Dakota School of Medicine & Health, Sciences, Grand Forks, ND, USA, Biological Imaging Section, Research Technology Branch, National Institute of Allergy e del Infectious Diseases, National Institutes of Health (NIH), Bethesda, MD, USA, del Division of Intramural Research, National Institute of Allergy and Infectious Diseases, National, Institutes of Health, Hamilton, MT, USA, Department of Internal Medicine, Pulmonary, Critical Care, and Sleep and Allergy, University of Nebraska Medical Center, Omaha, NE, USA, studio pubblicato su bioRxiv preprint doi: https://doi.org/10.1101/2022.09.27.509633.

[56] Lo studio in questione "Potential Mechanisms for Human Genome Integration of Genetic Code from SARS-CoV-2 mRNA Vaccination: Implications for Disease" ha i seguenti autori Anthony M. Kyriakopoulos, Peter A. Mccullough, Greg Nigh e Stephanie Seneff. Esso ed è stato pubblicato sul Volume 10:10, 2022 di Journal of Neurological Disorders. Di seguito l'abstract: "Background: The integration of genetic code from RNA viruses into host DNA, once thought to be a rare or even impossible phenomenon, is now recognized as probable. The Long Interspersed Nuclear Element (LINE)-1 mediated mechanism of insertion implies that many viral RNAs (apart from retroviral) can be reverse transcribed and then stably incorporated into DNA. Recombination between exogenous non-retroviral RNA and endogenous retroviral sequences that leads to reverse transcription and finally integration of the resulting cDNA into the host genome has been described. Recent data demonstrate that SARS-CoV-2 RNA sequences can be transcribed into DNA and may be actively integrated into the genome of affected human cells, mediated by retrotransposons. In some SARS-CoV-2 infected patient specimens, there is evidence for a large fraction SARS-CoV-2 sequence integration and subsequent generation of SARS-CoV-2 human chimeric transcripts. Results: In this review, the potential role of mobile genetic elements in the etiopathogenesis of neurological, cardiovascular, immunological, and oncological disease and the possibilities of human DNA interference by SARS-CoV-2 infection and vaccination are explored. Vulnerable germ line cells, cancer cells, and neurons can presumably all be targets for anomalous mRNA integration, especially in aging

DNA dell'ospite, un tempo ritenuto un fenomeno raro o addirittura impossibile, è ora riconosciuta come probabile, osservano gli autori. Il meccanismo di inserimento mediato da Long Interspersed Nuclear Element (LINE)-1 implica che molti RNA virali (a parte quelli retrovirali) possono essere inversamente trascritti e quindi stabilmente incorporati nel DNA.

Sono state descritte la ricombinazione tra RNA esogeno non retrovirale e sequenze retrovirali endogene che portano alla trascrizione inversa e infine all'integrazione del DNA complementare risultante nel genoma dell'ospite.

Dati recenti dimostrano che le sequenze di RNA SARS-CoV-2 possono essere trascritte nel DNA e possono essere integrate attivamente nel genoma delle cellule umane colpite,

mediata dai retrotrasposoni. Nello studio vengono esplorate la malattia e le possibilità di interferenza del DNA umano da parte dell'infezione e della vaccinazione, nonché il ruolo potenziale degli elementi genetici mobili nell'eziopatogenesi delle malattie neurologiche, cardiovascolari, immunologiche e oncologiche. Cellule germinali vulnerabili, cellule tumorali e i neuroni possono presumibilmente essere tutti bersagli per l'integrazione anomala dell'mRNA, specialmente nelle cellule che invecchiano che mostrano una maggiore attività di LINE-1 rispetto alle cellule più giovani.[57]

---

cells that show increased LINE-1 activity compared to younger cells. The mRNA coding for the SARS-CoV-2 spike glycoprotein in the vaccines has been carefully designed to increase stability and efficiency of spike protein translation, thus avoiding normal mRNA degradation pathways. This may increase the potential for genomic integration. If this should be the case, the predicted consequences pose serious potential risks to human health that are in need of clarification. Conclusion: Further toxicity evaluations are urgently needed to quantify potential emergence of interference with canonical DNA processes that could detrimentally impact the mRNA-vaccinated population."

57 Circa la composizione dei sieri a mRNA si veda David A. Hughes, PhD, What is in the so-called COVID-19 "Vaccines"? Part 1: Evidence of a Global Crime Against Humanity, su International Journal of Vaccine Theory, Practice, and Research 2(2), September 3, 2022 Page 455 nonché l'intervista alla prof.ssa Dolores Cahill, cofondatrice e presidente della World Freedom Alliance e presidente della World Doctors Alliance su https://expose-news.com/2022/11/06/agenda-21s-depopulation-and-undermining-society/

Concludono gli autori che, visto l'aumento del potenziale di integrazione genomica, le conseguenze pongono seri rischi potenziali per la salute umana che necessitano di chiarimenti e che sono urgentemente necessarie ulteriori valutazioni sulla tossicità per quantificare la potenziale comparsa di interferenze con i processi canonici del DNA che potrebbero verificarsi e avere un impatto dannoso sulla popolazione cui è stata somministrato detto mRNA.

Il limite ovvio degli studi qui citati è che trattasi di test in vitro o su topi e non sull'uomo. La definitiva conferma delle intervenute modifiche genetiche si potrà avere solo tra alcuni anni.

SOLDATI GENETICAMENTE MODIFICATI

Il giornalista tedesco Norbert Häring scrive:

> Come progetto congiunto con l'esercito britannico, la Bundeswehr ha studiato le possibilità di ottimizzazione transumanista dei soldati. Indipendentemente dalle preoccupazioni etiche, questo dovrebbe ovviamente essere promosso. Il più grande problema etico: qui le persone lavorano su macchine che dovrebbero combattere contro le popolazioni. (...)
> Il governo britannico dichiara: "I vincitori delle guerre future non saranno quelli con la tecnologia più avanzata, ma quelli che sapranno integrare nel modo più efficace le capacità uniche dell'uomo e della macchina.
> Le competenze più richieste sono illustrate citando un istituto dell'esercito americano:
> "Se le previsioni attuali sono corrette, la modificazione genetica ha di gran lunga il più grande potenziale per il miglioramento umano. Secondo la DARPA (Defence Advanced Research Projects Agency) degli Stati Uniti, la modificazione genetica potrebbe essere utilizzata per creare super-soldati che «uccidono senza pietà, non si stancano mai, non mostrano paura e si comportano più come una macchina che come un essere umano».

È straordinario che un governo possa pubblicare qualcosa di simile nell'Europa di oggi senza provocare uno scandalo."[58]

Sempre Häring continua:

> Un istituto di ricerca con sede presso il Canadian Department of Labor, pieno di studenti di prim'ordine del World Economic Forum, sta lavorando a uno scenario horror di "convergenza biologico-digitale", su macchine uomo-macchina o macchine-uomo controllate da computer. Sembra mostruoso ed esagerato. È mostruoso, non esagerato. (...)
> Tra i nuovi modi in cui le persone cambiano ci sono: modi per cambiare il corpo, la mente e lo spirito:
> "Alterare il genoma umano - i nostri più importanti attributi e caratteristiche biologiche", reso possibile dai progressi nel sequenziamento e nell'ingegneria genica (col Crisp/Cas9 prima citato) e nell'apprendimento automatico, che aiutano gli scienziati a determinare quali geni alterare."
> "Osservazione, manipolazione e modifica dei pensieri e del comportamento umano" resa possibile dalla neurotecnologia che legge i segnali cerebrali e dalle app digitali che aiutano a migliorare la salute mentale."[119]

IL DNA MODIFICATO COME ARCHIVIO DIGITALE

Microsoft vuole utilizzare il DNA modificato geneticamente, il Dna complementare visto prima, per memorizzare informazioni:

> Attualmente è in atto uno sviluppo all'interfaccia tra scienza dell'informazione e biotecnologia, in gran parte inosservato. Uno dei principali attori è Microsoft", scrive il blog scientifico ScienceFiles. Microsoft e Twist Bioscience sono riusciti non solo a memorizzare più di un gigabyte di dati nel DNA prodotto sinteticamente (con video musicali, libri del progetto Guttenberg e molto altro), ma anche a rileggerlo senza errori di dati
> Il DNA come "mezzo di archiviazione" è molto interessante dal punto di vista tecnico.

---

58 https://norberthaering.de/news/mensch-maschinen-soldaten

I cromosomi di una cella immagazzinano circa 1,6 gigabyte di informazioni. Tutte le cellule del corpo umano immagazzinano circa 100 zettabyte[59] di dati, più dati di quelli che l'umanità ha prodotto in precedenza in forma digitale." Il DNA è quindi un supporto di memorizzazione estremamente salva-spazio e allo stesso tempo durevole per migliaia di anni.[60]

Science Files così scrive:

> Questo sviluppo sta avvenendo al di là degli occhi del pubblico. (...) Tuttavia, come con qualsiasi tecnologia, tutti i vantaggi della memorizzazione dei dati nel DNA comportano una serie di pericoli, perché dove è possibile manipolare il DNA, immagazzinare informazioni nel DNA, il passaggio alle armi biologiche, fino all'uso del DNA per il controllo e la sorveglianza, non è particolarmente lontano.[61]

Ora sono possibili cambiamenti permanenti nel DNA umano e ci si sta lavorando. Il giornale britannico Independent ha così relazionato sulla ricerca:

> Facciamo un'incisione nel DNA, lo apriamo, inseriamo un gene, ricuciamo il DNA insieme. Guariamo l'invisibile", afferma il dott. Sandy Macrae, presidente di Sangamo Therapeutics, l'azienda californiana che ha aperto la strada a questa strategia curando due malattie metaboliche e test dell'emofilia "Poi diventa parte del loro DNA - per il resto della loro vita."[62]

---

59 Lo zettabyte è un'unità di misura dell'informazione o della quantità di dati, il termine deriva dalla unione del prefisso SI zetta con byte ed ha per simbolo ZB. Il prefisso zetta deriva dal termine greco sept a indicare la settima potenza di 1000

60 https://www.independent.co.uk/news/science/dna-perma nent-change-cure-disease-experiment-california-brain-madeux-iv-hunter-syndrome-a8055696.html

61 https://sciencefiles.org/2021/07/18/forschung-geht-unter-die-haut-von-informationen-die-huckepack-mit-impfstoff-injiziert-werden-konnen/

62 https://www.independent.co.uk/news/science/dna-perma nent-change-cure-disease-experiment-california-brain-madeux-iv-hunter-syndrome-a8055696.html

IL TRANSUMANESIMO NELLE PAROLE DEL SUO PROFETA KLAUS SCHWAB

Il progetto distopico di un (ormai, immediato) futuro transumanista coltivato da un'élite tecnoscientistica è supportato dal mondo economico, i cui stakeholders sono coordinati (intruppati) dal più volte citato Klaus Schwab, Presidente esecutivo del World Economic Forum di Davos. Essi presumono di cavalcare un possibile grande reset economico e finanziario che grazie alle tecnologie possa supportare la trasformazione genetica degli uomini in umanoidi privi dell'io. Si vedrà poi come tali "padroni" troveranno il modo di conservare l'io o lo spirito attraverso impianti di memoria o altro64 (sempre ammesso che la l'autocoscienza si possa trasferire, cosa di cui dubitiamo). Ne parleremo in altro paragrafo. Sentiamo sempre dall'autorevolissima voce di Klaus Schwab un resoconto dello *state of art*, aggiornato al 2016, anno di pubblicazione del suo La Quarta Rivoluzione Industriale. Al di là dei resoconti, spesso autopromozionali dei ricercatori interessati a sempre più generose commesse finanziarie, tale voce è importante perché Schwab è il centro di gravitazione di tutta la politica, la grande imprenditoria multinazionale e la grande finanza internazionale. In tal senso, egli ci dà l'esatta valutazione delle politiche e un'anticipazione degli indirizzi che le elites imporranno a Governi e imprese.

> Di tutte le nuove avvincenti sfide che ci troviamo ad affrontare al giorno d'oggi, comprendere e definire la nuova rivoluzione tecnologica è la più affascinante e suggestiva, poiché comporta una vera e propria trasformazione per l'umanità. Siamo alle soglie di una rivoluzione che sta cambiando drasticamente il modo in cui viviamo, lavoriamo e ci relazioniamo con gli altri. Se ne valutiamo la portata e la complessità, quella che io considero la quarta rivoluzione industriale è qualcosa con cui l'uomo non ha mai dovuto confrontarsi prima d'ora. Siamo ben lungi dal cogliere pienamente la velocità e la vastità di questa nuova rivoluzione. Consideriamo per esempio le possibilità, praticamente illimitate, di connettere miliardi di persone attraverso dispositivi mobili, generando una capacità di elaborazione, archiviazione e accesso alle informazioni senza precedenti. Oppure pensiamo per un attimo all'incredibile convergenza di

invenzioni tecnologiche in campi quali l'intelligenza artificiale (IA), la robotica, l'Internet delle cose (Ide), la realizzazione di veicoli autonomi, la stampa tridimensionale, la nanotecnologia, la biotecnologia, la scienza dei materiali, l'immagazzinamento dell'energia e il quantum computing, solo per citarne alcuni.[63]

Riportiamo le parole con cui Angelo Tonelli commenta queste parole di Schwab, non prima di avere precisato che ci associamo al pensiero del Maestro Tonelli

> Spicca la consapevolezza, da parte dell'autore, portavoce di un'élite 47 sicuramente potente e determinata a spingere la storia in tale direzione, che si stia approntando un rivolgimento, oltre che economico e politico, anche antropologico, mai visto prima nella storia. Sorprende che questa ipertecnologizzazione della pólis globale possa godere di propugnatori così fervidamente entusiasti, e viene da domandarsi come abbia potuto maturare nell'ambito del "karma collettivo" dell'umanità una serie di aggregati karmici siffatti, capaci, per ricchezza e potere di cui hanno sovrabbondanza, di coinvolgere (grazie al dominio sui mass media e sull'economia).[64]

La costrizione di miliardi di persone a seguire l'agenda transumanista, per come pare già sia stato fatto con certe campagne di applicazioni terapeutiche di massa mirate ad alterare, per come abbiamo prima comprovato con vari studi scientifici, il DNA a mezzo del mRNA, sarebbe un gioco che, a detta stessa dell'autore, presenta molti rischi:

> La rilevanza di questi cambiamenti è tale da non avere precedenti nella storia dell'umanità, specie quando se ne considerino gli effetti positivi o le possibili ricadute negative.[65]

Continua poi Schwab:

---

[63] K. Schwab, La quarta rivoluzione industriale, Franco Angeli, 2016, p. 13
[64] A. Tonelli, I Greci in noi, Meltemi, 2023, pagg.173, 174
[65] K. Schwab, ibidem, pag. 14

> Il fine ultimo è quello di enfatizzare le modalità di coesistenza tra la tecnologia e la società. Non bisogna infatti pensare alla prima come a una forza esogena sulla quale non possa essere esercitato nessun controllo. Non siamo costretti a dover scegliere tra convivere o meno con la tecnologia. Piuttosto, è importante guardare all'incredibile cambiamento in atto come a un invito a riflettere su chi siamo e sulla nostra visione del mondo. Più ci soffermiamo a pensare a come gestire la rivoluzione tecnologica, maggiore sarà l'analisi su noi stessi e sui modelli sociali che queste tecnologie rappresentano e favoriscono, e maggiori saranno le opportunità che tale rivoluzione migliori la società.[66]

Fondamentale il monitoraggio della nostra attività cerebrale. Prima abbiamo visto come la tecnologia dei nanobots già consenta di hackerare il cervello umano, per dirla come Harari. Abbiamo detto delle applicazioni neurali di Charles Lieber per la comunicazione wireless tra cervello umano e un computer attraverso microscopici nanobots.

> Un'altra applicazione tecnologia è lo Human Brain Project (che per dieci anni ha ricevuto finanziamenti dalla Commissione Europea pari a un miliardo di euro) e il Brain Research Through Advancing Innovative Neurotechnologies (BRAIN), l'iniziativa promossa dal Presidente Obama. Sebbene questi programmi riguardino soprattutto la ricerca medica e scientifica, oggi le nanotecnologie si stanno rapidamente diffondendo in contesti non strettamente medici, giocando un ruolo importante nelle nostre vite. La neurotecnologia consiste nel monitoraggio dell'attività cerebrale e nell'osservazione delle modalità in cui il cervello si adatta e interagisce con il mondo.[67] (…)Tatuaggi "intelligenti" e speciali microchip potrebbero in futuro fornire un supporto fondamentale per l'identificazione e la localizzazione della malattia (e del portatore della malattia NDR). I dispositivi impiantabili potrebbero altresì aiutare a comunicare pensieri solitamente espressi verbalmente attraverso smartphone "interni" e stati d'animo e riflessioni non manifestate, interpretando le onde cerebrali e altri tipi di segnali.[68]

---

[66] K. Schwab, ibidem, pag. 16
[67] K. Schwab, ibidem, pag. 205
[68] K. Schwab, ibidem, pag. 146

Tanto per chiarezza e sincerità lo Schwab più volte ha dichiara di non curarsi dei risvolti negativi sulle libertà umane. Il suo discepolo Harari ha poi più volte annunciato la fine delle libertà umane per come le conosciamo. Sentiamo ancora Schwab enucleare le principali preoccupazioni per le libertà, comunque, comprimibili sull'altare del progresso scientifico per il transumanesimo.

- Preoccupazioni in merito al fatto che determinati pensieri/sogni/desideri possano essere decifrati e che la privacy non possa più esistere.
- Preoccupazioni in merito al fatto che la creatività e il contributo umano possano scomparire, in maniera lenta ma inesorabile, a seguito dell'enfasi eccessiva intorno a ciò che le scienze cognitive sono in grado di realizzare.
- Distinzione sempre meno netta tra l'uomo e la macchina.[69]

---

69 K. Schwab, ibidem, pag. 206-207

PARTE SECONDA - MORTE E TRANSUMANESIMO

"L'uomo non può possedere niente fintanto che ha paura della morte. Ma a colui che non la teme, appartiene tutto. Se non esistesse la sofferenza, l'uomo non conoscerebbe i suoi limiti, non conoscerebbe se stesso".
Lev Tolstoj, Guerra e Pace

"Lo spaventò il sospetto tardivo che è la vita, più che la morte, a non avere limiti".
Gabriel Garcia Marquez, L'amore ai tempi del colera

"La Morte distrugge un uomo: l'idea della Morte lo salva".
Edward Morgan Forster, Casa Howard

OH CALIPSO!, OGIGIA O MORTE?

In altre parti di questo scritto abbiamo citato Rudolf Steiner. Egli ci è risultato illuminante per le sue tesi sulla futura "transumanizzazione" genetica al limite della vera e propria profezia. Secondo il pensiero steineriano è dalla Terra che l'uomo riceve la coscienza: per essa, però, è indispensabile il corpo fisico. L'autocoscienza è conseguibile solo osservando e contattando l'ambiente con organi fisici, come il bambino che acquisisce la consapevolezza di sé urtando contro gli oggetti.[70] Come per il cibo che viene distrutto per essere assimilato, la materia celebrale in noi deve essere distrutta e i relativi processi plasmati come base del pensiero. Gli 83 miliardi di neuroni che abbiamo a disposizione vengono, infatti, di volta in volta distrutti ogni volta che pensiamo. L'elemento spirituale per inserirsi in noi deve, dunque, sperimentare processi catabolici ovvero processi distruttivi. L'autocoscienza nasce quando corpo eterico e corpo fisico sono logori e lo spirituale può inserirsi nell'uomo. Il logorio viene compensato dallo spirito e la percezione della rigenerazione è la base stessa dell'autocoscienza. Il logorio, secondo Steiner, produce un vuoto e quanto lo colma da dentro è percepito come "sé spirituale", ovvero come "Io", che è la nostra parte pensante portatrice dell'autocoscienza. Se fossimo immortali fisicamente dovremmo, infatti, rinunciare alla coscienza dell'Io. L'immortalità (rectius, "amortalità", poiché si può sempre morire di incidenti) comporterebbe l'assenza di autocoscienza e del pensiero. L'amortalità in assenza di processi catabolici, ove può inserirsi lo spirito, sarebbe un'eternità di automi, di robot umanoidi. Non è, dunque, un caso che Ulisse, grande eroe e simbolo universale di astuzia e intelligenza, davanti all'offerta di delizie e vita eterna, fattagli dalla bellissima ed immortale ninfa Calipso, preferisse rinunciare all'immortalità a favore della mortalità. Omero, grande iniziato, sapeva bene che l'intelligenza, espressione del sé spirituale ovvero dell'Io, scomparirebbe di fronte ad una fisicità privata della morte. Dunque, il suo eroe Ulisse, nel

---

[70] Quanto segue è una sintesi dei seguenti libri: Antroposofia, Psicosofia, Pneumatosofia, Una fisiologia occulta, Enigmi dell'Anima di Rudolf Steiner, Editrice Antroposofica. Si ringrazia il

viaggio iniziatico di conoscenza metafora dell'Odissea, rinuncia alla vita immortale per l'impermanenza dell'intelligenza e della coscienza.

"Ma se sapessi nell'animo tuo quante pene
t'è destino subire, prima di giungere in patria,
qui rimanendo con me, la casa mia abiteresti
e immortale saresti, benché tanto bramoso
di rivedere la sposa, che sempre invochi ogni giorno.
Eppure, certo, di lei mi vanto migliore
quanto a corpo e figura, perché non può essere
che le mortali d'aspetto e bellezza con le immortali
gareggino!»
E rispondendole disse l'accorto Odisseo:
«O dea sovrana, non adirarti con me per questo: so anch'io,
e molto bene, che a tuo confronto la saggia Penelope
 per aspetto e grandezza non val niente a vederla:
  è mortale, e tu sei immortale e non ti tocca vecchiezza.
Ma anche così desidero e invoco ogni giorno
di tornarmene a casa, vedere il ritorno.
Se ancora qualcuno dei numi vorrà tormentarmi sul livido mare,
sopporterò, perché in petto ho un cuore avvezzo alle pene.
Molto ho sofferto, ho corso molti pericoli
 fra le onde e in guerra: e dopo quelli venga anche questo!"

Omero, Odissea, Libro V

"IMMORTALITA' O INNATALITA'?" (OVVERO COME CON DUE PAROLE STEINER MANDA KO I TRANSUMANISTI)

Sembra, e lo è, un paradosso. È, però, il frutto della logica asciutta di chi sa guardare entrambe le facce della medaglia, quella della vita. Chi crede che si possa raggiungere l'immortalità tramite le tecniche del transumanesimo, non

---

professor Francesco Leonetti per la sua conferenza "L'uomo interiore" dell'11 settembre 2024.

si pone il problema di affrontare l'altra parte del concetto di immortalità: la innatalità. Costoro, dunque, credendo nell'immortalità, ma non nella innatalità (che considerano anzi "eretica"), difficilmente riconosceranno che è impossibile capire l'immortalità prescindendo dalla sua base logica, l'innatalità: l'immortalità è "innatalità" rispetto a una vita terrena successiva e l'innatalità è "immortalità" rispetto a una vita terrena precedente. Sentiamo Steiner:

> A questo punto subentra qualcosa al cui proposito ci si accorge bene quanto sia incompleta la conoscenza odierna. Essa per speranza, per fede parla di immortalità. Ma l'immortalità è solo la metà della eternità; è il perdurare dell'istante attuale verso tutta l'eternità. Noi oggi non abbiamo nessuna parola, come invece esisteva in gradi di conoscenza di tempi antichi, che aggiunga all'immortalità l'altra metà dell'eternità: il non esser nati. Infatti, l'uomo tanto è immortale quanto "non nato", cioè mediante la nascita egli passa dal mondo spirituale nell'esistenza fisica così come mediante la morte entra di nuovo dal mondo fisico in un'esistenza spirituale. In questo modo si viene a conoscere la vera essenza spirituale dell'uomo che passa attraverso nascita e morte, e solo allora si è in grado di comprendere l'uomo nel suo complesso".[71] "Le entità arimaniche (Satana, NDR) hanno già ottenuto molto in quest'ambito. Infatti, nascendo o venendo accolti nell'esistenza fisica, noi discendiamo da mondi animico spirituali e ci contorniamo di materia fisica. Tuttavia, essendo la civiltà attuale stata conformata dalla consuetudinarietà delle religioni tradizionali, dalle quali la preesistenza è stata sempre più denunciata come eretica, tale esistenza prenatale nel regno animico-spirituale potrebbe essere dimenticata. Si vuol far cominciare l'uomo con la nascita e il concepimento fisici, aggiungendovi poi solo quel che vi è dopo la morte. Se questa fede nel solo stato del post mortem non

---

[71] R.Steiner: Conoscenza antroposofica dell'uomo e medicina – Antroposofica, Milano 1983, pp.149-150

fosse mai respinta, se fosse l'unica ad avvincere l'umanità, le entità arimaniche avrebbero vinto".[72]

A questo punto Steiner aggiunge un altro paradosso, per meglio schiantare i futuri, ovvero attuali, scientisti e transumanisti. Chi, come i cattolici o gli atei, sostiene che Dio o il caso creano ogni singola anima dal nulla, e faccia perciò cominciare l'uomo con la nascita e il concepimento fisici, è dunque un "creazionista". Lo scientista odierno si rifugia nel creazionismo in quanto è incapace di affiancare, alla concezione evoluzionistica della natura, una concezione evoluzionistica dell'anima, integrando la prima con la seconda, grazie alla scienza dello spirito. Gli scientisti atei e transumanisti, a rigor della ferrea logica steineriana, si ritrovano, dunque, ad essere in compagnia dei tanto disprezzati "creazionisti" che nel XIX secolo si opponevano alla tesi evoluzionistiche di Darwin. Si ritrovano, ovvero, ad essere creazionisti alla stessa stregua delle bigotte inglesi ottocentesche, acerrime avversarie di Darwin: le une dicevano che fosse Dio a creare, gli scientisti attuali dicono che è, invece, il caso a farlo. Sostenere la creazione dal "nulla" (ex nihilo) è, però, un' assurdità logica asserita dalla Bibbia che attribuisce a Dio la creazione di tutte le cose in cielo e in terra, quia ex nihilo fecit illa Deus et hominum genus.[73] Tale insostenibilità è stata denunciata da Emanuele Severino che afferma come sia "impossibile ed assurda la creazione ex nihilo, ossia il cominciamento nell'essere di qualche cosa, il "passaggio" dal non essere all'essere").[74] Se torniamo al tema della innatalità, si pone un altro problema. Un essere umano, indipendente, autocosciente, è in grado di "autoperfezionarsi" o di "divenire – per dirla con Nietzsche – ciò che è", nello spazio e nel tempo di una sola vita terrena? L'evoluzionismo spirituale della scienza dello spirito così risponde: Come la specie, in senso fisico, risulta comprensibile solo se si considera condizionata dall'ereditarietà, così anche l'entità spirituale può venir compresa soltanto attraverso una analoga ereditarietà spirituale. Possiedo la mia figura umana fisica perché discendo

---

[72] Steiner: La responsabilità dell'uomo per l'evoluzione del mondo – Antroposofica, Milano 2002, vol.II, pp.174-175
[73] Bibbia, II Maccabei, VII, 28
[74] E.Severino: Il mio scontro con la Chiesa – Rizzoli, Milano 2001, p.115

da antenati umani. Donde traggo quello che si manifesta nella mia biografia? Come uomo fisico, ripeto la figura dei miei antenati. Che cosa ripeto come uomo spirituale? (…) Come uomo fisico, discendo da altri uomini fisici, poiché ho la stessa figura dell'intera specie umana. Le qualità della specie, posso dunque, entro la specie, averle acquisite per eredità. Come essere spirituale invece, ho la mia propria figura, come ho la mia propria biografia. Questa figura non posso quindi averla se non da me stesso. E poiché sono entrato nel mondo non con attitudini animiche vaghe, ma precise, e il decorso della mia vita, quale si esprime nella mia biografia, è determinato da quelle attitudini, il mio lavoro su me stesso non può essere cominciato con la nascita. Come uomo spirituale, devo essere esistito prima della nascita. Nei miei antenati non sono certamente esistito, poiché, quali uomini spirituali, essi sono diversi da me. La mia biografia non è spiegabile con la loro. Come essere spirituale devo, anzi, ripeterne un altro la cui biografia spieghi la mia".[75] Questa saggezza antica è odiata dai transumanisti in disperata e convulsa fuga dalla morte. Essi sono le elites, e, dunque, diversi dagli altri sub-umani, soggetti alla morte. PS È così? Citofonare Jacob Rotschild per informazioni.[76]

PRECURSORI MITICI E RELIGIOSI DEL TRANSUMANESIMO

Sembra che i primi a sognare il paradiso furono i sumeri, lo chiamarono Dilmun e lo descrissero in una tavoletta, antica di circa 4.500, come un luogo puro e splendido nel quale non esistevano malattie né violenza. Successivamente ogni cultura ha immaginato il proprio paradiso – i Campi Elisi per gli antichi greci, il Gan Eden per i musulmani, la Terra Pura per i buddhisti, Vaikhunta per gli induisti, il Paradiso dei cristiani – luoghi idilliaci dove l'uomo, dopo la morte, poteva riunirsi alla divinità che lì dimorava. La morte era sconfitta. La paura dell'ignoto era dissolta. Eppure, la paura della morte scomparsa, "se non ci penso, non esiste", di tanto in tanto rifaceva la

---

[75] R.Steiner: Vita da morte a nuova nascita – Psiche, Torino 1997, p.145;
[76] Jacob Rothschild, IV barone Rothschild, banchiere britannico, membro della nota famiglia di

sua comparsa: quando moriva il caro o congiunto. Poi spariva di nuovo. Gli dèi gelosi, vendicativi o irosi, non ci sono più. Oggi è in procinto di assurgere a religione mondiale e totalitaria il transumanesimo.

Il transumanesimo è il risultato di una narrazione storica tecno-progressista che culmina nel desiderio di uso della tecnologia per trascendere i limiti umani.

L'emergere del transumanesimo, tuttavia, è preceduto da precursori mitici e religiosi. Bostrom[77] cercando le radici culturali del transumanesimo che egli propone afferma che "il desiderio umano di acquisire nuove capacità è antico quanto la nostra stessa specie". Come esempio cita l'epopea di Gilgamesh.[78] Scritta intorno al 1.700 a.C., l'epopea descrive la mitica ricerca dell'immortalità da parte di un re, il quale era convinto che sarebbe stato possibile sfuggire alla morte. Bostrom però non dice che la ricerca mitica della trascendenza è stata tradizionalmente vista in modo equivoco in Occidente.

La Teogonia di Esiodo racconta la storia del titano Prometeo che inganna Zeus con una falsa offerta sacrificale.[79] Zeus si vendica nascondendo il fuoco, strumento di vita, agli esseri umani. Prometeo gli ruba la "tecnologia" del fuoco, solo per suggellare il proprio destino: la punizione eterna. È incatenato a una scogliera ed un'aquila si nutre del suo fegato che ricresce ogni notte. La storia di Prometeo dimostra che i Greci riconoscevano le conseguenze nefaste associate all'acquisizione di una capacità tecnologica trascendente, in questo caso il controllo elementale del fuoco.

Espressione di tale visione il concetto di *hybris* che apparve in relazione ai

---

banchieri Rothschild è morto a Londra, il 26 febbraio 2024

77 Si veda Bostrom, Nick. "A History of Transhumanist Thought." Journal of Evolution and Technology 14 (2005): 17-20. Bostrom, Nick. "In Defense of Posthuman Dignity." In G. Hansell and W. Grassie (eds.). H+/-: Transhumanism and Its Critics. Philadelphia: Metanexus, 2011. Bostrom, Nick. Superintelligence: Paths, Dangers, Strategies. Oxford: Oxford University Press, 2014. Bostrom, Nick. "Why I Want to be a Posthuman When I Grow Up." In M. More and N. Vita-More (eds.). The Transhumanist Reader. Malden, MA: Wiley Blackwell, 2013

78 Giovanni Pettinato, Mitologia sumerica, Torino, Utet, 2001.

79 Esiodo, Teogonia, a cura di Cesare Cassanmagnago, collana Esiodo Opere, Milano, Bompiani, 2009

poteri trascendenti espressi nella loro mitologia[80]. La *hybris* greca descrive ambizioni improprie nella loro portata o intensità.

Nel Prometeo incatenato di Eschilo, il titano rivela che il fuoco non era il suo unico dono all'umanità, ma che è la fonte di tutte le *technai*.

Technai, plurale del greco *techne*, si riferisce all'arte del fare ed è la radice della parola tecnologia. Il mito di Prometeo è importante per aver stabilito in modo originale il rapporto tra divinità, tecnologia e umanità e dimostra una lettura della tecnologia come mezzo per migliorare o distruggere in modo definitivo la vita di coloro che ne sono coinvolti. La lezione degli antichi è che si deve evitare l'arroganza riconoscendo che la tecnologia comporta sempre dei compromessi. Steiner, infatti, diceva che l'optimum sarebbe il mantenimento di una condizione di equilibrio tra la tecnologia (Arimane) e l'estetica o mistica (Lucifero) controllando entrambe con la ragione (il Logos) dato dal Cristo.[81] Ma torniamo ai pensatori antichi.

Questa consapevolezza e questa ambivalenza sono promossi da Platone. Platone fornisce una protofilosofia della techné nella sua critica della scrittura nel dialogo socratico, Fedro. Socrate racconta un mito riguardante l'origine della scrittura in cui Thamus, re di una grande città egiziana, riceve la visita del dio inventore della scrittura Thot (poi Ermete Trismegisto).

Thoth mostra con orgoglio la sua arte e il suo artificio, mettendo in attenzione la creazione della scrittura. Il Re, tuttavia, è critico nei confronti dell'inventore e della sua invenzione: coloro che l'acquisiranno cesseranno di esercitare la memoria e diventeranno smemorati; faranno affidamento su segnali esterni invece che sulle proprie risorse interne. Ciò che hai scoperto è una ricevuta per il ricordo, non per la memoria. E per quanto riguarda la saggezza, i tuoi alunni potranno ricevere la reputazione ma senza realtà...[82]

Platone sottolinea i compromessi che la nuova tecnologia della scrittura

---

80 E. F. Beall, "Hesiod's Prometheus and Development in Myth", Journal of the History of Ideas, vol. 52 n. 3 (luglio – settembre 1991), pp. 355-371.
81 Rudolf Steiner, La responsabilità dell'uomo per l'evoluzione del mondo – II, Antroposofica, 2022 13 conferenze tenute a Dornach dal 21 gennaio al 1° aprile 19211 conferenza tenuta a L'aia il 27 febbraio 1921
82 Platone, Fedro, trad. Walter Hamilton (Londra: Penguin, 1973), 96.

aveva richiesto. Da un lato, la scrittura consente di esternalizzare e conservare più conoscenza di quella della mente umana. D'altro canto, di conseguenza, la propria capacità di ricordare diminuirà, soprattutto perché è molto più facile scrivere qualcosa che fare lo sforzo di memorizzarlo. L'ambivalenza di Platone può essere vista nel fatto che, nonostante questa critica, i suoi dialoghi sono comunque scritti.

Il critico amante della tecnologia Neil Postman scrive riguardo al "giudizio di Thamus" che per Platone "Ogni tecnologia è sia un peso che una benedizione; né l'uno nè l'altro, ma questo e quello».[83]

I miti greci indicano che la tecnologia è in grado di fornire nuove possibilità, spesso però a scapito di qualcosa di essenziale. La combinazione di trascendenza e conseguenza si riferisce alla prima apparizione della parola "transumano".

Il termine "transumano", in riferimento alla capacità trascendente, appare esplicitamente per la prima volta nella Divina Commedia. Dante descrive l'ascesa dei beati dal paradiso terrestre a quello celeste come trasumanar. Questo neologismo veniva usato per esprimere l'inesprimibile: cosa si prova a passare oltre l'umano nel regno di Dio. Dante paragona la propria metamorfosi interna al cambiamento vissuto da Glauco, un pescatore che viene trasformato in un dio nelle Metamorfosi di Ovidio. Dopo aver ingerito un'erba speciale, Glauco viene reso immortale e gli viene data la capacità di vivere sotto il mare.

> Nel suo aspetto tal dentro mi fei,
> qual si fé Glauco nel gustar de l'erba
> che 'l fé consorto in mar de li altri dèi.
> Trasumanar significar per verba
> non si poria; però l'essemplo basti
> a cui esperïenza grazia serba.[84]

L'ingestione dell'erba da parte di Glauco non è priva di conseguenze: il suo

---

83 Neil Postman, Technopoly: The Surrender of Culture to Technology (New York: Vintage Books, 1992), 4-5
8484 Dante Alighieri, Divina Commedia, Canto 1 del Paradiso, 69

superamento dei limiti umani attraverso l'"erba" tecnologica lo ha gradualmente trasformato in un tritone incapace di vivere sulla terraferma.

Nel 19° secolo, Henry Cary traduce trasumanar dall'italiano all'inglese come "transumano". Anche se passeranno decenni prima che questo verbo diventi il sostantivo transumanesimo, l'uso di "transumano" come aggettivo inizia con il riferimento mitico di Dante che indica un cambiamento da uomo a dio insieme alle sue ripercussioni.[85]

Secondo Fuller, il concetto di "transumano" potrebbe avere un analogo nella tradizione cristiana.

Proprio come Glauco ingerì un'erba che gli permise di diventare un dio subacqueo, Fuller suggerisce che la divinità di Gesù di Nazareth possa essere stata concepita in modo simile. Glauco era sia pienamente uomo che pienamente dio del mare, e anche Gesù era "completamente fuso" – contemporaneamente dio e uomo.

Pertanto, Gesù potrebbe essere visto come un esempio di colui che ha reso le virtù di un dio "temporaneamente consolidate in un unico membro della specie dell'"Homo sapiens".[86] Fin qui va bene, ma dire poi che per questo era un transumanista ce ne corre.

Insomma, il Cristo sarebbe stato un transumano alla stessa stregua di Klaus Schwab…!

È evidente che stiamo assistendo ad una parata di non senso dovuto al fatto che l'umanità ha totalmente perso mente e possibilità di comprensione di qualunque concetto che possa lontanamente a che fare con i mondi spirituali. Sant'Agostino, padre dell'ortodossia e della tradizione cristiana, ha riconosciuto l'importanza delle attività tecnologiche nel rendere l'umanità più a suo agio dopo la caduta.

Agostino scrive ne La Città di Dio: "sono state scoperte e perfezionate, dal genio naturale dell'uomo, innumerevoli arti e abilità che servono non solo alle necessità della vita ma anche al godimento umano".

Sebbene sant'Agostino si meravigliasse della matematica, dell'arte, della

---

85 Ron Cole-Turner, "Christian Transhumanism," in Religion and Human Enhancement, eds. Tracy J. Trothen e Calvin Mercer, (Cham, Svizzera: Springer, 2017), 38.
86 Steve Fuller, Humanity 2.0, (Basingstoke, UK: Palgrave-Macmillan, 2011), 98.

scienza e della scrittura, il suo stupore era più simile al riconoscimento del conforto che queste attività potevano fornire mentre solo Dio solo poteva liberare gli esseri umani dalla loro miseria.[87]

Jacques Ellul, teologo e filosofo della tecnologia contemporanea riecheggia il sentimento di sant'Agostino. Per Ellul, la tecnologia esiste per un'umanità decaduta come una "anestesia tecnica", in cui la sua applicazione in termini di trascendenza è intesa a suscitare una "dimenticanza" della finitezza.[88]

IL PENSIERO TRANSUMANISTA

La visione transumana si fonda in buona parte sulla narrazione dei media e dei veicoli dell'intrattenimento, da quello cinematografico a quello 4.0 di oggi. Essa si muove tra la garanzia di affidabilità offerta dalla veste scientifica e la capacità mitopoietica messa in moto da uno storytelling fantascientifico che lavora su strati profondi dell'immaginario. Le conquiste della tecnica (per come divulgate da quasi cento anni di letteratura fantascientifica) diventano, dunque, il punto di riferimento di una sorta di rinnovata speranza di salvezza, al posto delle ideologie o delle religioni.[89]

In tal senso, quale surrogato religioso, il trans-umanesimo narra di nuovi miti di immortalità.

L'uomo ha sempre sognato la vita eterna: nel mito di Prometeo come nel Libro di Enoch, piuttosto che nella saga di Gilgamesh o nelle officine dei saggi alchimisti, la caducità umana è stata un limite, per alcuni, inteso come insopportabile e difficile da accettare.

L'atteggiamento prometeico[90] è quello che ha fatto nascere il movimento transumanista negli anni 50 dello scorso secolo.

---

87 David F. Noble, The Religion of Technology, (New York: Penguin, 1999), 11.
88 Ibid., 12.
89 A.Allegra, in L'uomo di fronte alla sfida postumana, su Homo Cyborg il futuro dell'uomo, tra tecnoscienza, intelligenza artificiale e nuovo umanesimo, atti del XVI Convegno Nazionale e del XVIII Incontro Associazioni territoriali Roma, 25 maggio 2018, I Quaderni di Scienza & Vita, agosto 2020, Cantagalli, pag. 29
90 L'atteggiamento del Prometeo trasformato è di «ibrida umiltà» diceva Anders. Si veda:

In un libro del 1956, Günther Anders muove dalla diagnosi della "vergogna prometeica", cioè dalla diagnosi della subalternità dell'uomo, novello Prometeo, al mondo delle macchine da lui stesso create.

La vergogna prometeica è legata anche a un senso di non sincronicità, tra l'uomo e i suoi prodotti meccanici (oggi la cosiddetta "obsolescenza tecnologica") che, sempre più nuovi ed efficienti, lo oltrepassano, facendo sì che egli si senta "antiquato".

Non solo. La macchina è perfetta, ripetibile, standardizzata, riproducibile in esemplari sempre identici; quindi, possiede "un'eternità" che all'individuo, chiuso nel corpo umano, è negata. Di qui, una rivalità, una impari gara dell'uomo, una inversione dei mezzi con i fini, di cui Anders analizza con grande anticipazione tutta la portata.[91]

Altra intuizione, di cui facciamo solo cenno, la circostanza psico-sociologica che l'*Human Engineering*, ovvero il rito di iniziazione dell'epoca dei robot, in quanto "disumanizzazione non spaventa il disumanizzato perché non è di sua competenza".[92]

Se Gunther aveva profetizzato il pensiero transumanista, pur non essendo lui affatto transumanista (tanto che il sottotitolo del libro era "Considerazioni sull'anima nell'epoca della seconda rivoluzione industriale"), alcuni pensatori, meno colti e accorti di Anders, dopo di lui definirono una scelta ontologica che non ammetteva appunto l'anima.

Decisero che la "impari gara" tra macchina e uomo dovesse essere giocata sul terreno dell'avversario.

Costoro affermarono che il futuro dell'umanità è nell'unione tra esseri umani e scoperte tecnologiche. La definizione che ne dà Max More, in termini *green & politically-correct*, è:

> *Philosophies of life (such as extropian perspectives) that seek the continuation and acceleration of the evolution of intelligent life beyond its*

G.Anders, L'uomo è antiquato, Volume I Considerazioni sull'anima nell'epoca della seconda rivoluzione industriale, Bollati Boringhieri, 2010, pag. 52 e ss.
91 Ancora su G.Anders, L'uomo è antiquato, op.cit.
92 G.Anders, L'uomo è antiquato, op.cit., pag. 49 e ss.

currently human form and human limitations by means of science and technology, guided by life- promoting principles and values.[93]

Tale affermazione fa il paio con totale rifiuto e denegazione di ogni trascendenza, impossibile causa l'asserita inesistenza dell'anima. [94] Prudentemente quasi mai citata, infatti.

Per millenni sono state condotte, invece, ricerche e praticate esperienze rituali aventi al centro l'anima. Costantemente e indifferentemente tutte le civiltà terrestri, a tutte le latitudini, se ne sono occupate: tali conoscenze sono riassunte nel termine "Tradizione".

Il trans-umanesimo nega tutto ciò al fine di affermare la sola esistenza del corpo e il superamento dei suoi limiti a mezzo della tecnologia.

Quali pensatori antichi possono avere dato spunti, o anticipato, tale pensiero transumanista?

Le teorie di Giovanni Pico della Mirandola e soprattutto di Francesco Bacone, con il suo "La nuova Atlantide", sembra che abbiano influenzato alcuni degli autori attuali, in particolare Max More, tanto che spesso essi vengono richiamati a sostegno degli assuntitrans-umanisti.

Se il pensiero scientista di Bacone indubbiamente potrebbe fungere da supporto, lo stesso non vale per Pico della Mirandola. Conoscendo pensiero e spiritualità del pensatore ci sembra tale accostamento tanto azzardato da assomigliare a un "letto di Procuste" di supporto delle proprie opinioni.[95]

---

93 M.More, con N.Vita-More, nel suo "The Philosophy of Transumanism" saggio contenuto nel testo "The Transhumanist Reader: Classical and Contemporary Essays on the Science, Technology, and Philosophy of the Human Future", Wiley-Blackwell, 2013

94 Il termine "trascendere" deriva dal latino ("trans" + "ascendere" = salire al di là) e in filosofia e teologia indica una possibile realtà concepita come ulteriore, "al di là" rispetto a questo mondo.

95 M.More, con N.Vita-More, nel suo "The Philosophy of Transumanism" saggio contenuto nel testo "The Transhumanist Reader: Classical and Contemporary Essays on the Science, Technology, and Philosophy of the Human Future", Wiley-Blackwell, 2013, scrive: "In his 1486 piece, Oration on the Dignity of Man, he portrays God as the Craftsman explaining to humanity its nature in a way that sounds much closer to transhumanism than to the religious worldview it emerged from:

È impudente supportare, secondo noi, il testardo rifiuto transumanista di ogni trascendenza con l'opposto pensiero magico ed ermetico[96] di un Pico della Mirandola[97].
Tanto puntualizzato (di più in nota), andiamo, ora, a esaminare brevemente le tesi di qualcuno di questi pensatori del cosiddetto transumano.
Julian Huxley cita Pierre Teilhard de Chardin allorchè dice l'uomo "rimane umano, ma trascende sé stesso, realizzando le nuove potenzialità della sua natura umana, per la sua natura umana"[98]. Dunque, una trascendenza non nell'anima, ma nel corpo.
Il filosofo David Pearce teorizza un trans-umanesimo simile all'utilitarismo edonistico. Pearce propone un provocatorio programma di implementazione

---

96 Crediamo anzi che More, sempre nel succitato M.More, con N.Vita-More, nel suo "The Philosophy of Transumanism, op.cit, abbia totalmente frainteso l'ermetista Pico della Mirandola, che invece imprudentemente richiama. Pico della Mirandola in pieno spirito ermetico, e con passaggi richiamanti l'Asclepius, nell'Orazione sulla Dignità del 1486 scrive: "Né una dimora fissa né una forma che sia tua sola né alcuna funzione peculiare a te stesso ti abbiamo dato, Adamo, affinché secondo la tua brama e secondo il tuo giudizio tu possa avere e possedere quale dimora, quale forma e quali funzioni desidererai tu stesso. La natura di tutti gli altri esseri è limitata e vincolata entro i limiti delle leggi da noi prescritte. Tu, non vincolato da alcun limite, secondo il tuo libero arbitrio, nelle cui mani ti abbiamo posto, stabilirai per te i limiti della tua natura. Ti abbiamo posto al centro del mondo affinché tu possa da lì osservare più facilmente tutto ciò che è nel mondo. Non ti abbiamo fatto né dal cielo né dalla terra, né mortale né immortale, affinché con libertà di scelta e con onore, come se fossi il creatore e modellatore di te stesso, tu possa modellarti nella forma che preferisci. Avrai il potere di degenerare nelle forme di vita inferiori, che sono brutali. Avrai il potere, dal giudizio della tua anima, di rinascere nelle forme superiori, che sono divine". La confusione del trionfo dell'ascesa animica, "(...) di rinascere nelle forme superiori, che sono divine" dice Pico, con il transumanesimo, può essere spiegata solo con una ben curata tradizione di atavica ignoranza.
97 Pico della Mirandola considerava la magia come efficace e necessario strumento di comprensione della natura, della onnipotenza divina e della centralità e unicità dell'uomo. Basti leggere il "De hominis dignitate", le "Conclusiones", l' "Apologia". Nella decima Conclusione Magica è espressa, l'adesione alla filosofia ficiniana della "magia naturalis": "Quod magus homo facit per artem, facit natura naturaliter faciendo hominem". Ciò che il mago fa mediante la via dell'arte, la natura fa "naturalmente" facendo l'uomo.
98 J.Huxley, "In New Bottles for New Wine", Chatto & Windus, London, 1949, pag. 13 e ss.

programmatica della felicità al fine dell'abolizione con la nanotecnologia di ogni sofferenza.[99]

Il filosofo Pierre Hadot[100] distingue tra due grandi atteggiamenti verso il mondo naturale: da un lato, un atteggiamento orfico di reverenza nei confronti dell'ordine naturale, dall'altro, un'atteggiamento prometeico, che alla natura dà l'assalto grazie alla scienza e alla tecnica.

Un'espressione dello stesso spirito prometeico si trova nella Lettera a Madre Natura del già richiamato Max More[101], annoverato tra i testi fondanti il trans-umanesimo. Per esso la condizione postumana prospetta la possibilità di generare, a partire dagli esseri umani, una nuova specie biomigliorata[102].

Il concetto di "libertà morfologica" viene sviluppato da Anders Sandberg[103]. Egli designa un insieme di diritti da riconoscere legalmente e atti a garantire la possibilità dell'individuo di modificare il proprio corpo in accordo con il proprio ideale etico e di autorealizzazione.

Anders Sandberg considera tale possibilità un diritto fondamentale. Esso garantisce la base materiale di attualizzazione di molti altri diritti, senza il quale il diritto alla vita e alla ricerca della felicità rimarrebbe ad un livello

---

99 D.Pierce, The Hedonistic Imperative, 2015

100 P. Hadot, Il velo di Iside. Storia dell'idea di natura. Einaudi, 2004. Sul tema dei cyborg per approfondimenti si veda: A. Punzi, La de-formazione dell'identità come eclissi della differenza. L'Homme machine e il post umano a confronto, in F. D'Agostino (a cura di), Il corpo deformato. Nuovi percorsi dell'identità personale, Giuffrè, Milano 2002, p. 55. e più recentemente P. Sommaggio, Umano post umano. I rischi di un uso ideologico della genetica su Diritto e Questioni Pubbliche n. 8/2008 e in senso non pregiudiziale verso le mutazioni R. Cravero, Il corpo del transumanesimo: autorappresentazione, tecno-estetica e miglioramento umano, su FiloDiritto, 08 Febbraio 2022 e in senso contrario M. Marzario, La tutela della dignità nel transumanesimo, su FiloDiritto, 15 Aprile 2022. Per una ricostruzione della problematica epistemica rimandiamo al testo di Cravero sopraccitato. Si rinvia inoltre alla relazione di G.M.Ballestrieri, "Transumanesimo e ideologie globaliste", presentata, come la presente, alla conferenza Mandanici 2022 "Oltre L'Uomo mente e archetipi, corpo e anima, luoghi e tempo".

101 M. More, A Letter To Mother Nature, in The Transhumanist Reader, Wiley-Blackwell, 2013

102 M. More, The Philosophy of Transhumanism, in M. More-N. Vita-More (ed. by), The Transhumanist Reader, John Wiley & Sons, Inc., Chichester (West Sussex), 2013, 3-17

103 A.Sandberg, Morphological Freedom- Why We Not Only Want It, But Need It in The Transhumanist Reader, Wiley-Blackwell, 2013

meramente formale.

Allo stesso modo dei *transgender* che hanno la possibilità di effettuare transizioni di genere, per la teoria della libertà morfologica il controllo del singolo sulla propria corporeità è un requisito fondamentale per poter perseguire la costruzione del proprio *human enhancement* inquadrabile nell'ambito di una tecnoestetica del corpo[104] o meglio, di una auto-tecnoestetica.

Altrettanto nel concetto di libertà morfologica per l'*human enhancement* rientra l'inserimento di microchip o dell'*array* di *nanobots* di cui parlano Schwab e Lieber per il miglioramento della memoria e/o delle capacità cognitive.

Il cyborg, dunque, comprende tanto l'inserimento di parti sintetiche nel fisico quanto nello stesso cervello, in connessione col sistema neurologico.

La possibile connessione dei cervelli in una rete dei corpi è, secondo noi, l'aspetto più inquietante della presente analisi: esiste, infatti, una totale deregolamentazione del settore dei servizi internet (*browser*, applicazioni, *social networks*, etc.) ove il cliente o accetta in blocco le condizioni contrattuali o non accede ai servizi *tout court (take it or leave)*.[105] L'assenza del diritto costituisce, infatti, un punto di debolezza potenzialmente latore di pericoli di tirannia globale esercitata a mezzo rete neurale.[106]

Per comprendere il rapporto tra transumanesimo e potere crediamo opportuno richiamare il termine "bio-potere" nella lezione di Michel Foucault. Egli nel 1976 scriveva: "Il bio-potere non minaccia più di morte, come facevano i governanti feudali, ma promette la vita."[107].

---

104 G. Simondon, Sulla tecnoestetica, Mimesis, 2014
105 Per facilità l'utente in velocità scrive ok su tutte le domande. In quel momento sta cedendo ogni diritto tanto sul software che ha eventualmente acquistato (diventandone non proprietario ma licenziatario), e ora in particolare mediante la rinuncia alla tutela dei propri dati sensibili.
106 Più diffusamente sul tema si veda Mattei, U., Il diritto di essere contro, Piemme, 2022, Capra F.– Mattei U., Ecologia del diritto. Scienza politica, beni comuni, Aboca, 2017 e Mattei U. - Quarta A., Punto di Svolta - Ecologia, Tecnologia e diritto privato. Dal capitale ai beni comuni, Aboca, 2018, pag.57
107 Michel Foucault, Nascita della biopolitica : corso al Collège de France (1978-1979), traduzione di Mauro Bertani, Valeria Zini, 4ª ed., Milano, Feltrinelli, 2019, ISBN 978-88-07-

E di bio-potere, quello delle mutazioni genetiche finanche per la creazione di soldati mutanti, di seguito vogliamo trattare.

IL MOVIMENTO TRANSUMANISTA

Gli obiettivi del movimento transumanista sono riassunti da Mark O'Connell nel suo libro To Be a Machine:

> È loro convinzione che possiamo e dobbiamo sradicare l'invecchiamento come causa di morte; che possiamo e dobbiamo usare la tecnologia per aumentare i nostri corpi e le nostre menti; che possiamo e dobbiamo fonderci con le macchine, rifacendoci, infine, all'immagine dei nostri ideali superiori.[108]

L'idea di potenziare tecnologicamente il nostro corpo non è nuova. Ma la misura in cui itrans-umanisti portano avanti il concetto lo è. In passato si realizzavano dispositivi come gambe in legno, apparecchi acustici, occhiali e dentiera. Ora, la tecnologia consente di realizzare impianti per aumentare i nostri sensi in modo da poter rilevare direttamente radiazioni infrarosse o ultraviolette o potenziare i nostri processi cognitivi connettendoci ai chip di memoria.

Tra i dispositivi già in commercio citiamo, ad esempio, "abbigliamento alimentato" realizzato dalla società statunitense Seismic. Delle tute imitano la biomeccanica del corpo umano e, indossate sotto gli abiti normali, danno agli utenti, in genere persone anziane, una discreta forza quando si alzano da una sedia o salgono le scale, o se stanno in piedi per lunghi periodi.

88654-6.

108 M. O'Connell,To Be a Machine: Adventures Among Cyborgs, Utopians, Hackers, and the Futurists Solving the Modest Problem of Death, Doubleday, 2017. Ci limitiamo a citare altri autori a metà tra la filosofia, l'estrapolazione scientifica, o la sociologia, come ad esempio, R.Kurzweil, The Age of Spiritual Machines, Penguin, New York 1999, N.Bostrom, Human Enhancement (a cura di), Oxford University Press, Oxford 2009 o H.Moravec, Robot: Mere Machine to Transcendent Mind, Oxford University Press, Oxford 1999. E ancora A.Allegra, Visioni transumane. Tecnica salvezza ideologia, Orthotes, Napoli-Salerno 2017

In definitiva, con la fusione di uomo e macchina, la tecnologia produce esseri umani che hanno enormemente aumentata l'intelligenza e la propria forza, con una durata della vita ampliata, quasi una incarnazione degli dèi, come dice Harari.[109]

I sostenitori del trans-umanesimo parlano di vantaggi favolosi nell'andare oltre le barriere e i limiti naturali che costituiscono un essere umano ordinario.

Ma farlo solleva una serie di problemi e dilemmi etici.

In molti casi alcuni progressi tecnologici o medici sono rivolti ad aiutare malati o anziani, ma vengono poi adottati da persone sane o giovani per migliorare il loro stile di vita o le loro prestazioni.

Il farmaco eritropoietina (EPO), per esempio, aumenta la produzione di globuli rossi nei pazienti con grave anemia, ma è stato anche adottato come potenziatore (illecito) delle prestazioni da alcuni atleti per migliorare la capacità del flusso sanguigno di trasportare ossigeno ai muscoli.[110]

Tra le modifiche *à la carte* citiamo: per gli sportivi sostituzione delle gambe o braccia con protesi di carbonio maggiormente prestanti, abolizione della morte mediante *mind-uploading* per trasferire ad un robot la propria memoria e (si suppone) la propria coscienza, cornee bioniche in grado di vedere su ampia gamma di frequenza, etc.

Chiediamoci, è etico consentire ai chirurghi di sostituire gli arti di qualcuno con lame in fibra di carbonio solo per vincere medaglie d'oro?

In un reportage pubblicato sul Guardian, Blay Whitby, esperto di intelligenza artificiale all'Università del Sussex, dice di essere sicuro che molti atleti cercheranno un tale intervento chirurgico. "Tuttavia, se un'operazione del genere avvenisse non farei nulla di tutto ciò. È un'idea ripugnante: rimuovere un arto sano per un guadagno transitorio".[111]

Non tutti sono però d'accordo con questo punto di vista. Nello stesso report, l'esperto di cibernetica Kevin Warwick, della Coventry University, non vede

---

109 Harari Y.N. "Homo Deus", Milano 2017
110 R.Mc Kie, No death and an enhanced life: Is the future transhuman? The Guardian, 6 maggio 2018
111 R.Mc Kie, ibidem

alcun problema nell'approvare la rimozione degli arti naturali e la loro sostituzione con lame artificiali. "Cosa c'è di sbagliato nel sostituire parti imperfette del tuo corpo con parti artificiali che ti consentiranno di ottenere prestazioni migliori o che potrebbero permetterti di vivere più a lungo?" dice.

Tali interventi migliorano la condizione umana, insiste Warwick, e "indicano il tipo di futuro che gli esseri umani potrebbero avere quando la tecnologia aumenta le prestazioni e i sensi."[112]

I trans-umanisti credono che la tecnologia moderna offra agli esseri umani la possibilità di vivere per eoni, svincolati - come sarebbero - dalle fragilità del corpo umano. Così, dicono, metteremmo fine alla dipendenza dell'umanità dai corpi umani fragili versione 1.0 in una controparte 2.0 molto più durevole e capace.

Molti sostenitori del trans-umanesimo, come l'inventore e imprenditore statunitense Ray Kurzweil, il pioniere della nanotecnologia Eric Drexler e il fondatore e venture capitalist di PayPal Peter Thiel, sostengono l'idea di conservare i corpi in azoto liquido e di preservarli criogenicamente fino a quando la scienza medica non avrà raggiunto una fase in cui potranno essere rianimati e i corpi migliorati.

Esistono quattro strutture criogeniche: tre negli Stati Uniti e una in Russia. La più grande è la Alcor Life Extension Foundation in Arizona, i cui frigoriferi immagazzinano più di 100 corpi nella speranza del loro successivo scongelamento e resurrezione fisiologica.

È "un luogo costruito per ospitare i cadaveri degli ottimisti", come dice il prima citato O'Connell.

Coloro che mettono in discussione il movimento transumano avvertono che esso rischia di creare tecnologie che creeranno solo spaccature più nette in una società già divisa, in cui solo alcune persone potranno permettersi di migliorarsi, mentre molti altri non potranno.

Dal canto loro, i trans-umanisti sostengono che i costi del potenziamento precipiteranno inevitabilmente e indicano l'esempio del telefono cellulare,

---

112 R.Mc Kie, ibidem

che un tempo era così costoso che solo i più ricchi potevano permetterselo, ma che oggi è un gadget universale di proprietà, praticamente, di ogni membro della società.

PARTE TERZA – CONSIDERAZIONI GIURIDICHE

OSSERVAZIONI SULLE TERAPIE A MRNA

Le pratiche mediche con preparati a mRNA stanno diventando sempre più invasive dal punto di vista della protezione della privacy dei dati sanitari individuali causa le applicazioni digitali connesse alle stesse terapie.
Come detto prima, l'azienda Moderna scrive sul suo sito web che il DNA è il disco rigido umano ("storage"), l'RNA è il sistema operativo ("software") e le proteine sono l'applicazione ("application").
Un titolo recita:

> Le nostre medicine a mRNA "The Software of Life". Moderna sta lavorando per portare un nuovo e migliore sistema operativo agli esseri umani. Nel nostro caso, il "programma" o "app" è il nostro farmaco mRNA, l'unica sequenza di mRNA responsabile di una proteina codificata.[113]

Per stessa ammissione di un produttore, dunque, tali sieri sarebbero software che interagisce digitalmente con il DNA umano.
Tale software, verosimilmente a mezzo dei *nanobots* da più studiosi rivelati e fotografati nei sieri, consentirebbe la perenne tracciabilità, il trattamento dei dati dei soggetti "immunizzati" e, lo vedremo, le ricadute giuridiche di seguito esposte.
Per questo, al di là dei preoccupanti *warning* provenienti dai vari studi scientifici sopraccitati, la pratica delle terapie a mRNA sta diventando sempre più pressante e pericolosa per i diritti dei cittadini.
Di recente sia alla Conferenza G20 di Bali[114] sia all'ultima conferenza del

---

113 https://www.modernatx.com/mrna-technology/mrna-platform-enabling-drug-
114 Il paragrafo 23 della Dichiarazione finale recita:"We acknowledge the importance of shared technical standards and verification methods, under the framework of the IHR (2005), to facilitate seamless international travel, interoperability, and recognising digital solutions and non-digital solutions, including proof of vaccinations. "We support continued international dialogue and collaboration on the establishment of trusted global digital health networks as part of the efforts to strengthen prevention and response to future pandemics, that should capitalise and build on the success of the existing standards and digital COVID-19 certificates." Per carità di patria non si commenta l'inverosimile affermazione sul successo dei certificati digitali covid-19 in Italia.

World Economic Forum a Davos è stata avanzata la richiesta di identificazione sanitaria mondiale digitale ("passaporti vaccinali" o "green pass" in Italia) anche mediante la predisposizione di banche dati mondiali per i controlli e il connesso impedimento del libero movimento dei soggetti di volta in volta oggetto di imposizioni sanitarie.[115]

Non serve, crediamo, spendere parole per cogliere il grave pericolo che incombe sui diritti individuali ove tali misure dovessero essere attuate.

Occorre, in proposito, piuttosto ricordare che i famigerati sieri genetici sono stati proposti e caldamente raccomandati dal WEF ai governi mondiali fino a chiederne, per bocca del suo leader Schwab, anche l'obbligatorietà.

Per questo sono stati istituiti strumenti di controllo e identificazione digitale che avrebbero dovuto, sulla carta, "agevolare" i movimenti dei cittadini, ma che in realtà hanno impedito o ostacolato *tout court* tali movimenti, i c.d. certificati digitali o green-pass.

Non essendo questo il tema del presente saggio, *en passant* annotiamo che in Italia tale imposizione è stata estesa quasi a ogni movimento umano all'esterno del domicilio domestico, nella falsa convinzione che una certa terapia "vaccinale" avrebbe dovuto immunizzare i soggetti aderenti alla terapia e all'uso del correlato "passaporto" (errore drammatico visti i debordanti dati di mortalità e ospedalizzazioni registrati in Italia rispetto a paesi senza alcuna restrizione come la Svezia).[116]

Ci asteniamo, infine, dal commentare le continue violazioni dei Trattati Internazionali, Europei e della Costituzione Italiana che sono state

---

115 Nel corso della conferenza WEF del 20 gennaio 2023 l'ex premier britannico Tony Blair ha richiesto l'estensione globale dei passaporti digitali vaccinali e di database per il loro tracciamento, fonte: J.Cheng Morris, "Tony Blair calls for digitals libraries to track vaccines", 20.01.223, uk.news.yahoo.com.

116 Memorabili in proposito le affermazioni rese in conferenza stampa del 22 luglio 2021 dal Presidente del Consiglio Italiano, Mario Draghi: "Non ti vaccini, ti ammali, muori. Oppure fai morire. Non ti vaccini, contagi, lui o lei muoiono". Tali affermazioni si sono poi rivelate, oltre che fattualmente infondate causa il dilagare delle infezioni, ospedalizzazioni e decessi tra i soggetti vaccinati, anche scientificamente infondate per come riconosciuto in audizione, il 12 ottobre 2022, al Parlamento Europeo da un dirigente Pfizer, Janine Small, che interrogata disse che la capacità di immunizzare dei sieri non era mai stata verificata o testata dalla casa produttrice.

commesse ai danni di milioni di cittadini contribuenti. Nè, per carità di Patria, si intende approfondire l'esito (manca ancora la pubblicazione della sentenza) di alcuni ricorsi per questioni di legittimità costituzionale proposti alla Corte Costituzionale Italiana.

DIRITTO E MUTAZIONI GENETICHE

La seguente breve analisi dello stato dell'arte della regolamentazione giuridica nel settore comincia da una fondamentale annotazione: la giurisprudenza statunitense, più utilitaristica e valorizzatrice della ricerca e dei diritti di privativa intellettuale, è in contrasto con quella europea, fondata sulla protezione di valori etici e della protezione dell'embrione.
La Sentenza della Corte Suprema USA Diamond v. Chakrabarty del 1980 autorizzò per la prima volta la brevettabilità degli organismi geneticamente modificati, affermando però il principio che un prodotto naturale non possa essere brevettato a meno che non sia "significativamente diverso da qualsiasi altro rinvenuto in natura".
L'ipotesi di brevetto su un vivente, nel caso, la famosa pecora Dolly[117], è stata, dunque, negata sulla scorta dei principi affermati nella sentenza

---

117 il 5 luglio 1996 un gruppo dell'istituto Roslin di Edimburgo, del quale facevano parte Ian Wilmut e Keith Campbell, riuscì ad ottenere lo sviluppo completo di un embrione di pecora a partire da una cellula adulta, prelevata dalla ghiandola mammaria. Si veda l'articolo di K. Sestandards and digital COVID-19 certificates." Per carità di patria non si commenta l'inverosimile affermazione sul successo dei certificati digitali covid-19 in Italia.

117 Nel corso della conferenza WEF del 20 gennaio 2023 l'ex premier britannico Tony Blair ha richiesto l'estensione globale dei passaporti digitali vaccinali e di database per il loro tracciamento, fonte: J.Cheng Morris, "Tony Blair calls for digitals libraries to track vaccines", 20.01.223, uk.news.yahoo.com.

117 Memorabili in proposito le affermazioni rese in conferenza stampa dal Presidente del Consiglio Italiano, Mario Draghi:

117 il 5 luglio 1996 un gruppo dell'istituto Roslin di Edimburgo, del quale facevano parte Ian Wilmut e Keith Campbell, riuscì ad ottenere lo sviluppo completo di un embrione di pecora a partire da una cellula adulta, rvick, No Patent for Dolly the Cloned Sheep, Court Rules, Adding to Industry Jitters, Decision comes as patent experts express concerns about new U.S. patent office rules, su Science del 14 maggio 2014.

Diamond[118]. La pecora era, infatti, il clone esatto di un essere vivente rinvenuto in natura.

Parliamo ora di una decisiva Sentenza della Corte Suprema USA del 2012.[119] La Corte ha deciso applicando il criterio del "prodotto della natura / prodotto dell'uomo". classificando il "prodotto della natura", quale non brevettabile, e il secondo "prodotto dell'uomo", quale brevettabile. Dunque, il DNA umano manipolato in laboratorio è brevettabile.

La Corte ha, inoltre, specificamente menzionato la possibilità di brevettare un tipo di DNA noto come DNA complementare (cDNA). Questo DNA sintetico è prodotto dalla molecola chiamata RNA messaggero che porta le istruzioni per la produzione delle proteine Spike.[120] Lo stesso RNA messaggero è quello di cui alla tecnica CRISPR-Cas9 e agli studi citati nel precedente paragrafo.

Ci chiediamo, dunque, atteso che, secondo la Corte Suprema, il DNA complementare, creato dal RNA messaggero, è brevettabile, è allo stesso modo brevettabile il DNA retrotrascritto dal mRNA in sei ore, secondo lo studio in vitro dell'Università di Lund?

In altre parole, atteso che il DNA sarebbe stato modificato dall'uomo in laboratorio con la retrotrascrizione operata dal mRNA al fine della produzione della proteina Spike, si è creato il DNA complementare di cui alla sentenza della Corte Suprema? Gli individui che dovessero avere un DNA retrotrascritto potrebbero essere, dunque, oggetto di proprietà intellettuale? Riprenderemo queste domande in prosieguo.

---

118 la sentenza della Corte di Appello del Circuito Federale a Washington ha dichiarato che giacché "l'identità genetica di Dolly, è del tutto simile a quella dei genitori, essa non è brevettabile"

119 sentenza n.398 del 2012 nel caso Associations for Molecular Pathology v Myriad Genetics Inc.

120 Prima di questa sentenza, erano stati brevettati più di 4.300 geni umani. La decisione della Corte Suprema ha invalidato quei brevetti genetici, rendendo i geni accessibili per la ricerca e per i test genetici commerciali. Sul tema del DNA complementare vedi il sito governativo statunitense del National Library of Medicine: "The Court specifically mentioned the ability to patent a type of DNA known as complementary DNA (cDNA). This synthetic DNA is produced from the molecule that serves as the instructions for making proteins (called messenger RNA)." https://medlineplus.gov/ genetics/understanding/testing/genepatents/

Andiamo ora dall'altra parte dell'oceano, in Europa.

Nel caso Brüstle v. Greenpeace[121], Greenpeace sosteneva che i brevetti registrati sugli embrioni fossero nulli, in forza dell'art. 6 della direttiva 98/44/CE sulla protezione giuridica delle invenzioni biotecnologiche. La norma stabilisce che "Sono escluse dalla brevettabilità le invenzioni il cui sfruttamento commerciale è contrario all'ordine pubblico o al buon costume; in particolare, la lett. C dell'art. 6 esclude la possibilità di brevettare "le utilizzazioni di embrioni umani a fini industriali o commerciali". Quando un ovulo umano viene fecondato, deve essere considerato embrione, comunque.

Un altro importante caso è "International Stem Cell Corporation v. Comptroller General of Patents, Designs and Trade Marks", del 2014, che torna sullo stesso argomento, per stabilire la brevettabilità dell'ovulo non fecondato[122].

Il caso Brüstle è tornato d'attualità anche in questa occasione, poiché la questione ruotava intorno alla definizione di embrione; la Corte ha infatti espresso la necessità di uniformare l'interpretazione del termine all'interno dell'Unione, e ha deciso che il termine "embrione umano" non si applica

---

121 case Oliver Brüstle v Greenpeace e.V., 18 October 2011, C-34/10

122 Case C-364/13 della CGUE. Si veda sul tema B.J. Conley and F. Pera (2012) Generation of Pluripotent Stem Cells and their Developmental Potential. Frontiers in Pluripotent Stem Cells Research and Therapeutic Potentials, p. 41 e la Convention on the Grant of European Patents (European Patent Convention) del 5 Ottobre 1973 come rivista dall'Act revising Art. 63 EPC of 17 December 1991, e dall'atto che rivisita l'EPC del 29 Novembre 2000. La controversia era insorta quando il Comptroller aveva respinto, sulla base dell'art. 6, c. 2, let. c), le domande di brevetto avanzate da ISCO; le domande di brevetto erano le seguenti: la prima riguardava l'"Attivazione partenogenetica di ovociti per la produzione di cellule staminali embrionali umane", mentre la seconda riguardava metodi di produzione di cornee sintetiche. Secondo il Comptroller non potevano essere concessi i brevetti poiché le domande riguardavano gli embrioni umani. La Corte di Giustizia Europa è stata quindi investita della causa dalla High Court of Justice, con il quesito pregiudiziale relativo a "se gli ovuli umani non fecondati, stimolati a dividersi e svilupparsi attraverso la partenogenesi, e che, a differenza degli ovuli fecondati, contengono solo cellule pluripotenti e non sono in grado di svilupparsi in esseri umani, siano compresi nell'espressione "embrioni umani", di cui all'articolo 6, paragrafo 2, lettera c), della direttiva 98/44". Solenne V., La regolamentazione dei prodotti ottenuti tramite crispr-cas9, P.S. Legal, 7 marzo 2021, pag. 20e ss

all'ovulo umano non fecondato il quale, attraverso la partenogenesi, sia stato indotto a dividersi e a svilupparsi, essendo questo privo della capacità intrinseca di sviluppare un essere umano[123].

La sentenza della Corte di Giustizia Europea del 2018[124], infine, ha equiparato la tecnica del CAS9 alle altre tecniche di produzione di OGM, assoggettandola a disciplina restrittiva, in forza del principio di precauzione (art.191 c.2. TFUE).

Sul principio di precauzione serve una breve digressione: esso mostra il diverso approccio applicativo tra diritto Europeo e quello USA.

Esaminare come i diversi ordinamenti reagiscono alle biotecnologie è, comunque, utile per formulare possibili risposte giuridiche ai dilemmi etici via via proposti.

In Europa il principio di precauzione entra in gioco quando si tratta di "autorizzare un fenomeno, un prodotto o un processo che può avere effetti potenzialmente pericolosi, individuati tramite una valutazione scientifica e obiettiva, se questa valutazione non consente di determinare il rischio con sufficiente certezza".[125]

Sulla base di tale principio nel 2015 la UE ha, per esempio, introdotto la possibilità di vietare le coltivazioni OGM sul territorio.

E lo stesso principio, come visto, ha fondato la succitata sentenza della Corte di Giustizia Europea che ha equiparato la tecnica del CAS9 alle altre tecniche di produzione di OGM.

Il principio, statuito dall'art. 191 c. 2 del TFUE (Trattato sul Funzionamento dell'UE), ha da sempre fornito una sponda per evitare, in assenza di prove scientifiche certe sugli effetti negativi, l'utilizzo di prodotti geneticamente modificati, temendone effetti nocivi soprattutto sul lungo periodo. Ovviamente, nel caso della sperimentazione genetica sull'uomo, tale principio deve essere associato a quelli relativi al rispetto dell'ordine pubblico e del buon costume di cui al succitato art. 6 della direttiva

---

123 Solenne V., La regolamentazione dei prodotti ottenuti tramite crispr-cas9, P.S. Legal, 7 marzo 2021, pag. 12 e ss
124 Sentenza CGUE (Grande Sezione) del 25 luglio 2018, causa C-528/16
125 Comunicazione (COM(2000) 1final) sul principio di precauzione

98/44/CE.[126]

A complicare il quadro di questa sintetica disamina, però, sono giunte due strane leggi sud-americane.

La Ley 21422 del 16 febbraio 2022 del Cile, secondo la quale i mutanti, esseri umani con carenze di DNA, sono l'oggetto "da proteggere".[127] Ivi si legge:

> *Ningún empleador podrá condicionar la contratación de trabajadores, su permanencia o la renovación de su contrato, o la promoción o movilidad en su empleo, a la ausencia de mutaciones o alteraciones en su genoma que causen una predisposición o un alto riesgo a una patología que pueda llegar a manifestarse durante el transcurso de la relación laboral, ni exigir para dichos fines certificado o examen alguno que permita verificar que el trabajador no posee en su genoma humano mutaciones o alteraciones de material genético que puedan derivar en el desarrollo o manifestarse en una enfermedad o anomalía física o psíquica en el futuro.*[128]

---

[126] Sul tema vasto del diritto e dei diritti rispetto alla ricerca in materia genetica ex-plurimis, si veda Lattanzi R., Ricerca genetica e protezione dei dati personali, nel Trattato di Biodiritto diretto da Rodotà e Zatti, II, Il governo del corpo, a cura di CanestrariFerrando-Mazzoni-Rodotà-Zatti, I, Milano, Giuffrè, 2011, 319, Pacia R., Campione biologico e consenso informato nella ricerca genetica: il possibile ruolo delle biobanche, in Jus civile, 3, 2014, 82, Santosuosso A., Il diritto alla disobbedienza genetica: il caso dell'Islanda, in Etica
della ricerca biologica, a cura di C. Mazzoni, Firenze, Olschki, 2000, 189, Santosuosso A.-Colussi I. A., Diritto e genetica delle popolazioni, nel Trattato di Biodiritto diretto da Rodotà e Zatti, II, Il governo del corpo, a cura di CanestrariFerrando-Mazzoni-Rodotà-Zatti, Milano, Giuffrè, I, 2011, 351.

[127] Historia de la Ley N° 21.422 Prohíbe la discriminación laboral frente a mutaciones o alteraciones de material genético o exámenes genéticos Biblioteca del Congreso Nacional de Chile - www.bcn.cl/historiadelaley - documento generado el 16-Febrero-2022

[128] "Articolo 1.- Nessun datore di lavoro può condizionare l'assunzione di lavoratori, la loro permanenza o il rinnovo del loro contratto, o la promozione o mobilità nell'impiego, all'assenza di mutazioni o alterazioni nel genoma che può causare una predisposizione o un rischio elevato di una patologia che può manifestarsi nel corso del rapporto di lavoro, né richiedere certificati o esami che consentano di verificare che il lavoratore non abbia in se mutazioni del genoma umano o alterazioni del materiale genetico che ne possono essere in fase di sviluppo o manifestarsi in una malattia o un'anomalia fisica o mentale nel futuro" (nostra traduzione) (Ley 21422 Prohíbe la discriminación laboral frente a mutaciones o alteraciones de material genético o exámenes genéticos Ministerio del Trabajo y previsión social Publicación: 16-FEB-2022 |

Detti mutanti sono tutelati in forza di legge poiché malati, specificamente, causa "anomalia fisica o psichica".

Nell'esperienza scientifica attuale qualsiasi deviazione dal normale DNA è sempre stata difettosa: di breve durata e con poca o nessuna capacità riproduttiva.

Va ricordato che il 25 novembre 2018, vari media giornalistici hanno riferito che i primi gemelli geneticamente modificati sarebbero nati in Cina, come risultato di esperimenti condotti da un team di biotecnologi dell'Università di Guangzhou, guidato da He Jiankui, che ha concepito embrioni geneticamente modificati in vitro per renderli resistenti all'HIV, al colera e al vaiolo. Tali esperimenti hanno avuto esiti infausti, per come noto.

Bisognerebbe, dunque, smitizzare i fumetti della nostra infanzia riproducenti belli e fortunati mutanti genetici dotati di prestazioni sovrumane[129]?

Vediamo ora cosa prevede la normativa argentina.

Diversamente dalla legge cilena, l'articolo 57 del codice civile e commerciale argentino attraverso una norma generale, vieta le pratiche che hanno lo scopo o la conseguenza di produrre un'alterazione genetica dell'embrione quando tale alterazione, appunto poiché colpisce l'embrione, viene trasmessa alla prole.[130]

Sebbene dal punto di vista della terminologia venga utilizzata una formula ampia, al fine di non fare diventare obsoleto l'articolato, il divieto di cui all'articolo 57 del codice civile e commerciale (CCyC) contempla esclusivamente interventi che alterano il genoma dello zigote o embrione precoce, e sono destinati a produrre mutazioni che passeranno alla prole.[131]

Promulgación: 03-FEB-2022)

129 Rimane nella fantasia infantile di tanti la saga degli X-Men, un gruppo di supereroi mutanti, protagonisti di varie serie a fumetti pubblicate dall'editore statunitense Marvel Comics.

130 BErGel, S. (2015). Manipulación genética e intervenciones de mejora. En Bergel, S.; Flah, L.; Herrera, M.; Lamm, E.; Wierzba, S. Bioética en el Código Civil y Comercial. Buenos Aires: La Ley.

131 Irrazabal, Gabriela. El debate del año 2015. CRISPR-cas9, la modificación de embriones y el imperativo moral de la "edición genética terapéutica". Bioética y Sociedad. Año 5, N° 3, sept-dic, 2015. ISSN 2451-5256.

Il Codice Civile e Commerciale del 2014 vieta espressamente l'*editing* genetico umano embrionale (mentre la legge cilena ne prende atto come fenomeno sanitario ed antropologico già realizzatosi).

Ciò esclude la possibilità di fare esperimenti in Argentina come quelli che sono stati fatti in Cina e che hanno meritato un diffuso ripudio internazionale.

Pur da diverse visioni antropologiche ed etiche, molti si sono trovati, infatti, d'accordo nel mettere un limite a tali esperimenti.

Vale la pena chiarire che l'*editing* genetico in quanto tale non è proibito in Argentina, poiché può essere eseguito su cellule somatiche con importanti benefici terapeutici, a condizione che sia garantita la sicurezza e l'efficacia degli interventi, nonché gli altri requisiti etici e legali delle sperimentazioni.

Per concludere, abbiamo analizzato due esperienze normative diverse in altrettanti paesi sud-americani: uno prende atto di un dato sanitario e adotta tutele per la non-discriminazione, l'altro vieta pratica di modifica genetica.

In entrambi i casi i due legislatori normano due realtà fenomeniche sociali esistenti e non futuribili per motivi di tutela lavoristica e di tutela sanitaria.

In altri termini, non trattasi di fantascienza. Parliamo di realtà *hic et nunc*.

PROBLEMI GIURIDICI D'AFFRONTARE CAUSA IL TRANSUMANESIMO: UNA BREVE SINTESI

1: Si può configurare ancora un "libero consenso" umano in presenza di nanobots che consentono "l'hackeraggio celebrale"? quali le ricadute in termini di democrazia e diritto al voto?

2: atteso che il rna messagero modifica il dna, quali sono e saranno i risvolti in tema di «intellectual property rights» ovvero chi ha subito una modifica del dna cosa deve al proprietario dei diritti?

3. causa l'aumento della popolazione, cosa ne sarà del diritto individuale alla riproduzione?

4. causa l'aumento della popolazione, cosa ne sarà del diritto alla famiglia, quale società naturale?

5. cosa ne sarà del diritto del diritto successorio, ovvero della possibilità di trasferire agli eredi i propri beni?
6. cosa ne sarà del diritto alla pensione, chi vive per sempre dovrà per sempre lavorare?
7. cosa ne sarà del diritto all'esercizio del culto religioso, presto abolito dalla possibile amortalità e dunque dalla conseguente fine della domanda sulla trascendenza? Ed ancora, atteso che l'assunto alla base della «amortalità» è l'inesistenza di una vita spirituale,
8. il materialismo ha abolito ogni diritto alla percezione di sé quale essere spirituale? Se si ci può legittimamente percepire donna in un corpo maschile, perché non è dato concepirsi quale essere spirituale in un corpo fisico? Quanto sopra non è contrario al diritto naturale (giusnaturalismo) all'espressione libera e autocosciente della propria persona?
9. se è forse vero che le funzioni fisiche metaboliche, con la tecnologia dell'allungamento dei telomeri, potrebbero essere temporalmente dilatate, cosa ne sappiamo invece delle funzioni del pensiero, della logica e dell'autocoscienza? Saranno esse estese nel tempo o i nuovi uomini amortali saranno zombies dotati di corpo fisico, ma privi di anima e spirito? Esiste, dunque, una possibilità di imputazione soggettiva giuridica di diritti e doveri ad esseri non più dotati delle suddette facoltà?

Le questioni sono tante e ognuna richiederebbe una singola ed estesa trattazione. Intanto, ci siamo limitati ad esporne alcune.

ALCUNE QUESTIONI GIURIDICHE

Riassumendo, la giurisprudenza europea impedisce, sempre e comunque, la brevettabilità di un'embrione, quale essere umano degno di tutela, sebbene a livello prenatale.
La giurisprudenza americana, invece, distingue il gene o sequenza genetica "prodotto della natura", quale non brevettabile, e il gene o sequenza genetica "prodotto dell'uomo", quale brevettabile.
Cosa dire, ci chiedevamo, di una modifica precedentemente apportata

dall'uomo a mezzo della tecnica CRISPR-Cas9 e/o veicolata del mezzo del mRNA per la produzione di DNA complementare, per come consentito dalla Corte Suprema USA e per come affermato sarebbe accaduto a mezzo delle ricerche in vitro effettuate dall'Università di Lund?

Se quanto sopra venisse ad essere ancora confermato, si aprirebbe un mondo nuovo, denso di incognite epistemiche e giuridiche.

Ove si consideri anche la recente legge cilena succitata (Ley 21422 del 16 febbraio 2022), sembrerebbe che gli studi succitati siano, non teorie o tesi più o meno di scuola, bensì una realtà oggettiva e fattuale.

La legge cilena considera come presupposto di fatto la presenza di cittadini soggetti a mutazione genetica.

Detta legge a chi si riferisce? Non lo sappiamo. Sarebbe però singolare che un Parlamento legiferi per dei destinatari inesistenti o futuri (rimessi magari alla condizione sospensiva iniziale della loro "entrata in vita").

Applicando la giurisprudenza americana sarebbe possibile la brevettabilità del genoma così come precedentemente modificato dall'uomo, magari con consenso libero e informato?[132].

Al punto 7 del contratto di fornitura dei succitati preparati sierici, agenti a mezzo della molecola mRNA, tra una delle grandi fabbriche farmaceutiche mondiali e i Governi del Brasile e dell'Albania[133] si legge che la detta azienda: (…) *will be the sole owner of all Intellectual Property it generates during the development, manufacture, and supply of the Product or otherwise related to the Product."*

Al punto 12.4 "Governing Law", di entrambi i contratti si prevede: *"All disputes shall be governed by the Laws of the State of New York, USA".*

---

132 Consenso libero e informato previsto dalla Carta dei diritti fondamentali dell'UE, art. 3 (Diritti all'integrità della persona) dell'art.5 della Convenzione di Oviedo, ratificata con Legge 145/01, dell'art.7 della legge 881/77 di ratifica del Patto di New York, dell'art. 6 della Dichiarazione Universale sulla bioetica e i diritti umani UNESCO del 19.10.2005, del 1° criterio del Codice di Norimberga, etc., tutte normative che sanciscono la necessità del consenso libero ed informato per qualunque trattamento sanitario e che definiscono le sperimentazioni mediche senza consenso quale crimine contro l'umanità.

133 il contratto con la Commissione Europea non è utilizzabile causa le pesanti cancellazioni censorie apportate.

In sintesi, il modello contrattuale proposto ai Governi mondiali da detto produttore farmaceutico prevede che la legge applicabile al contratto sia quella dello Stato di New York, USA e che il solo proprietario dei diritti di proprietà intellettuale collegati allo sviluppo dei prodotti farmaceutici o altrimenti collegati agli stessi prodotti, sia il produttore stesso.

Se si considera, il già più volte citato annuncio fatto da Moderna sul suo sito internet, trattasi di diritti di "sviluppo digitale" delle stesse applicazioni terapeutiche.

Dunque, dato che, come sopra evidenziato, la molecola del mRNA produce il cDNA (o DNA Complementare), a mezzo della retrotrascrizione scoperta, per primi, dai ricercatori svedesi, le persone cui sono stati somministrati sieri a mRNA hanno sviluppato un DNA complementare?

Se sì, applicando la legge e il sistema giuridico ordinamentale statunitense, ovvero la Sentenza n.398 del 2012, il brevetto della sequenza genomica potrebbe essere, dunque, possibile poiché sarebbe già intervenuta una mutazione genetica operata dall'uomo mediante la produzione di un DNA complementare.

Sono tante le domande proponibili sul tema. Di seguito ne elenchiamo qualcuna.

Stante l'unicità del genoma per individuo, esso dovrebbe essere brevettabile per ciascun individuo partitamente?

Ogni successiva applicazione o estensione del prodotto, anche digitale, come visto, della tecnologia applicata o del *know-how* in qualunque modo connessi col brevetto, dovrebbe essere sempre di proprietà del produttore? Entro quale limite?

Le privative sono a durata illimitata o analoga a quella degli OGM alimentari (25 anni o 30)?

Infine, domanda delle domande, è possibile, ampliando sempre più la sequenza brevettata, brevettare un intero essere umano?

A tale essere umano si applicherebbe la definizione di "essere umano" di cui all'articolo 1 della Dichiarazione Universale dei Diritti Umani e di tutte le convenzioni internazionali in materia o bisognerà prevedere una nuova definizione (ad esempio, di "umano mutante")?

In Cile si è evitato il problema definitorio limitandosi a chiamare gli individui oggetto di mutazione genetica quali "*trabajadores*" (a ben vedere le stesse domande si pongono anche con riferimento ai *cyborg*).

Attesa la ovvia necessità di remunerazione dei diritti intellettuali, la titolarità del brevetto comprende un diritto su una quota parte dei beni e dei servizi prodotti dal "brevettato" (come i servi della gleba del medioevo) o detta remunerazione assumerebbe la natura contrattuale dell'istituto della schiavitù (ovvero, la cessione totale dei beni e dei servizi prodotti al titolare del brevetto)?

La tecnologia CRISPR-Cas9 (costosa) potrebbe portare ad una selezione dei pazienti, tra coloro che possono accedervi e altri che non possono?

Detta tecnica potrebbe determinare la possibilità di scegliere le caratteristiche di un nascituro (eugenetica)?

La giurisprudenza europea, abbiamo visto, annette al tema giudizi di carattere etico e sembra costituire un valido scudo rispetto a non ponderate applicazioni transumaniste.

Rebus sic stantibus, ma non è detto che sia sempre così, giudizi attinenti all'ordine pubblico o al buon costume non dovrebbero consentire, in Europa, almeno nel brevissimo termine, brevetti su embrioni o su esseri umani geneticamente modificati.

Crediamo che, invece, negli Stati Uniti sia possibile brevettare, non solo la sequenza genica, ma anche un intero essere umano mutante allorché, a differenza della pecora Dolly, tale mutazione abbia fatto sì che esso sia "significativamente diverso da qualsiasi altro (essere umano) rinvenuto in natura".

Un elemento fattuale e di diritto comparato ci induce a questa ipotesi: la circostanza che la legge cilena parli già di "anomalie fisiche o mentali" in relazione alla mutazione genetica fa evincere che elementi di diversità oggettiva, rispetto agli altri esseri umani, potrebbero essere verificabili.

Dunque, la vecchia Europa potrebbe tutelare i mutanti dalla possibile schiavitù, o altro diritto di godimento esclusivo, rispetto ai detentori degli *IP rights?*[134]

In Europa, c'è, comunque, spazio di studio, dibattito e lavoro per procedere ad una regolamentazione ancora più di tutela che risponda a queste e altre questioni.

Quello che preoccupa è, invece, come prima cennato, la totale deregolamentazione del settore dei servizi digitali internet (*Big-Tech)*: il possibile internet dei corpi modificati con innesti di nanobots e/o con mutazioni genetiche, non troverà né normative nazionali né europee utili a preservare i fondamentali diritti umani.

Anzi, al contrario in Italia, i principali esponenti politici straparlano di previsione addirittura costituzionale della identità digitale, di cui alla *digital transition* (oltre che di nuova sede per il Ministero competente): temiamo che essi non abbiano meglio compreso le previsioni del P.N.R.R., già perfettamente in linea con l'*Internet of Things*[135] per il successivo passaggio al *Internet of Bodies,* a mezzo della previsione di finanziamento di torri 5g e connesse "costellazioni di satelliti".

Il legislatore ha mai verificato gli impatti sui diritti umani, civili e di non-discriminazione, oltre che di privacy, delle realizzazioni conseguenti a tali previsioni finanziarie?

Prima di avventurarsi in siffatte proposte di modifiche costituzionali occorrerebbe, dunque, prima studiare e ben riflettere.

---

134 Nella versione ampiamente censurata del contratto tra una casa farmaceutica e la Commissione Europea all'articolo I.13.1 è previsto che il diritto applicabile sia quello del Belgio e non quello dello Stato di New York, USA. Stante l'assenza di altre contestazioni, ad esempio, sui dati dei trials clinici piuttosto che sui prezzi o quantità, sono questi i motivi di lagnanza sui contratti espressi dal Presidente del Consiglio Italiano? Si veda l'articolo di M. Lanaro, su Il Fatto Quotidiano del 19 marzo 2021 e la frase di Mario Draghi ivi riportata: "Ci sono stati dei problemi" nella campagna di vaccinazione europea "che risalgono al modo in cui questi contratti sono stati fatti, alla scelta delle società e delle strategie" lo dico "con tutta umiltà, con il senno di poi si trovano tanti errori…la stessa domanda sarebbe stato meglio farcela al momento in cui venivano fatti questi contratti".

135 ANNEX to the Proposal for a Council Implementing Decision on the approval of the assessment of the recovery and resilience plan for Italy {SWD(2021) 165 final}, Brussels, 22.6.2021 COM(2021) 344 final, pag.140

SOLUZIONI UMANISTICHE PER MINACCE UMANITARIE

"La storia è disseminata delle conseguenze malvagie di un gruppo di umani che crede di essere superiore a un altro gruppo di umani. Purtroppo, nel caso degli umani potenziati saranno veramente superiori. Dobbiamo pensare alle implicazioni prima che sia troppo tardi", così affermava il sopraccitato studioso Whitby.[136]

Esiste una possibilità di reazione a tale deriva transumanista al fine di evitarla o essendo già cosa fatta, bisogna pensare alle conseguenze di un dato di fatto?

Certo le dichiarazioni di Harari in una recente conferenza a Atene del 2020 non consentono facili ottimismi:

> Tra un paio di decenni quello che la gente ricorderà di questa crisi Covid sarà che quello fu il momento in cui tutto divenne digitale. Quello era il momento in cui tutto divenne monitorato, in cui tutti accettammo di essere sorvegliati costantemente. (...) Ma la cosa più importante è che da quel momento la sorveglianza iniziò a essere sottopelle.[137]

Sembra che tutto il danno sia stato già fatto, dunque.

Al netto di ovvie considerazioni sui giganteschi guadagni economici, riprendendo l'affermazione di Whitby circa il gruppo di umani malvagi che "crede di essere superiore a un altro", cosa potrebbe avere spinto tali gruppi a tali (incredibili per i più) atteggiamenti antiumanitari?[138] Non è questa la

---

136 R.Mc Kie, ibidem

137 Yuval Noah Harari: Panel Discussion on Technology and the Future of Democracy tenuto ad ottobre 2020
https://www.youtube.com/watch?v=JfyIW9wRvB4

138 Una risposta potrebbe essere data, forse, dalle Georgia Guidestones? Esso era un monumento in granito situato nella contea di Elbert, in Georgia, Stati Uniti d'America. Su otto delle superfici maggiori era inciso un messaggio composto da dieci "regole", o consigli, in otto lingue moderne, una per ogni superficie. Il primo di essi era: "Mantieni l'Umanità sotto i 500.000.000 in perenne equilibrio con la natura."
Dagli anni 70, prima il Club di Roma, Henry Kissinger, Jacques Attali, poi gli epigoni attuali quali Yuval Harari, consulente principe del W.E.F. (o Club di Davos), o lo stesso presidente di

sede per tali speculazioni.
Chiediamoci, piuttosto, quali possano essere le soluzioni.
Esiste ancora qualche altra possibilità di salvare l'umano dalla macchina?
Alcuni filosofi hanno fatto analisi dei cambiamenti transumani, altri hanno proposto soluzioni.
Ulrich Beck[139], individua quale minaccia alla società attuale la fede smodata nel progresso delle tecnoscienze applicate. Giacché, in questa nuova epoca biotecnologica e digitale, il "paradigma umanista" – che considera l'individuo come un fine in se stesso e difende l'inviolabilità della condizione umana e la dignità delle persone in quanto soggetti morali – sta per essere gradualmente sostituito dal "paradigma postumanista" che, nella sua versione più radicale e utilitarista, propone il superamento dei limiti naturali ricorrendo a mezzi artificiali per raggiungere la perfezione organica e intellettuale della specie umana[140].
Luc Ferry aggiunge che bisogna considerare il passaggio fondamentale da un modello medico-terapeutico, che presenta come finalità principale quello di curare le malattie, a un modello medico "superiore", orientato al "perfezionamento" dell'essere umano[141].
Per questo un filosofo tedesco della Scuola di Francoforte, Jürgen Habermas, delinea una serie di sfide etico-giuridiche poste dall'ingegneria genetica all'uomo del nostro tempo. Curiosamente, infatti, la forza liberatrice della tecnologia è finita per diventare l'incatenamento o strumentalizzazione dell'essere umano.
Un altro esponente della stessa Scuola, Herbert Marcuse, scrisse che per

---

quest'ultimo, Klaus Schwab, insistono su un programma di "depopulation". Prima, si diceva, per "proteggere l'ambiente" (con lo "sviluppo sostenibile" dell'Agenda 21, oggi "Agenda 2030 for Sustainable Development"), oggi, come detto prima, causa l'irrilevanza economica di grandissima parte della popolazione mondiale rispetto all'A.I. (Artificial Intelligence o Intelligenza Artificiale).

139 U. Beck, The Metamorphosis of the World, Polity Press, Cambridge, 2016, pagg.62-63.
140 Fernando H. Llano Alonso, Homo excelsior. Los límites ético-jurídicos del transhumanismo, cit. Pagg.25- 26.
141 L. Ferry, La révolution transhumaniste. Comment la technomédecine et l'uberisation du monde vont bouleverser nos vies, Plon, Paris, 2016, pagg.73-78.

evitare che la razionalità tecnologica possa legittimare un modello di società totalitaria, è necessario rinvenire una sorta di comunicazione tra la natura, l'uomo e la tecnica[142] .

Seguendo questa linea di ragionamento, Habermas insiste sulla necessità di individuare un punto di incontro tra il progresso tecnico-scientifico e ciò che egli definisce il "mondo sociale della vita".

Fernando H. Llano Alonso dice che "c'è il rischio che i tecnocrati producano una notevole manipolazione ideologica occultando pratiche e interessi che rappresentino un rischio per la tutela dei diritti e delle libertà. In secondo luogo, (...) che gli argomenti tecnocratici nascondano le proprie fallacie, a seconda delle circostanze, con l'apparenza di verità scientifiche irrefutabili e inesorabili".[143]

Un interessante prospettiva è quella offerta dal c.d. "biodiritto", con cui non ci si limita ad indicare semplicemente il "diritto della vita", bensì quel diritto, che in stretto legame con la bioetica, regola le relazioni tra limiti e possibilità della vita umana, in conseguenza delle inedite pratiche dovute al progresso tecnico-scientifico. Esso è chiamato a porre un argine al lucido ed incontrastato dominio della tecno-scienza e alla visione nichilista che ne deriva

Se in proposito Severino, ritiene che scienza e tecnica siano autoreferenziali e il diritto non abbia la capacità di limitarne l'espansione[144], esiste anche una scuola di pensiero ancora più estrema che ritiene che in bioetica debba propendersi per il c.d. "spazio libero dal diritto", partendo dal presupposto che il pluralismo etico sia inconciliabile e che perciò debba necessariamente lasciarsi uno spazio incondizionato all'autodeterminazione individuale, l'unica in grado di stabilire cosa sia "bene" e cosa sia "male" per la persona[145], e vi è chi ritiene, adottando un approccio che potremmo definire

---

142 H. Marcuse, One-Dimensional Man. Studies in the Ideology of Advanced Industrial Society. Beacon Press Boston (Massachusetts), 1964, pag.158.
143 Fernando H. Llano Alonso, ivi, Pag. 110
144 Cfr., in proposito, lo scritto di N. Irti - E. Severino, Dialogo su diritto e tecnica, Bari, 2001, dal quale emergono le due opposte posizioni in ordine al ruolo del diritto in questo settore.
145 cfr. L. Nielsen, Dalla bioetica alla biolegislazione, in C.M. Mazzoni (a cura di), Una norma giuridica per la bioetica, Bologna, 1998, p. 50

"neutrale" e "formale", in un'ottica liberale, che il diritto debba essere in questo settore "leggero" e "minimale", limitandosi a registrare le spinte sociali plurali della prassi in modo dinamico e flessibile ed elaborando, dunque, norme aperte, destinate ad essere riformulate ed eliminate[146].

Propende per un diritto "mite", S. Rodotà, il quale tuttavia ritiene che il limite tra natura ed artificio vada rintracciato nella dignità della persona.[147]

Un'analisi del rapporto tra diritto e matematica (algoritmi delle macchine) è quella di Sterpa, di cui qui citiamo le conclusioni richiamanti il Faust di Goethe, ove l'apprendista stregone invoca: "E così ci sarà un pensatore che costruirà un cervello che sappia pensare esattamente".[148]

> Il "diritto degli umani" deve interrogarsi sul proprio rapporto con il fascino perfido e perfezionista della matematica per ogni aspetto relativo alle attività di formalizzazione (politica) e di applicazione
> (amministrazione inclusa la giurisdizione) del diritto.
> Dopo essersi innamorato della matematica, unirsi al lei per ogni aspetto della propria esistenza sarebbe la sua ultima emozione prima di diventare "disumano" (ma anche "inumano") e quindi neppure più in grado di ricordarsi com'era. Nella nuova invincibile veste della matematica, il diritto trasformerebbe in mera res asettica e sostituibile la persona ossia il corpo umano (e quindi sé stesso) consegnandolo ad un apriori e aprendo la strada alla capacità regolatrice della forza di fatto.
> L'uomo piomberebbe in un eterno presente limitatatamente aggiornabile, senza invecchiare, senza morire, senza vivere: un tutto programmato e prevedibile che annichilerebbe la funzione giuridica stessa; ossia una funzione umana, quindi fondata sulla mancanza, contraddistinta dal limite, come il corpo umano che l'ha generata e che è chiamato a regolare nelle sue azioni materiali e mentali; e con il quale condividerebbe anche la fine venendo espulso dalla formazione e della applicazione del diritto. Un diritto che non sarebbe semplicemente più umano o forse sarebbe

---

146 Cfr., in particolare, N. Irti, Il diritto nell'età della tecnica, Napoli, 2007.
147 S. Rodotà, La vita e le regole. Tra diritto e non diritto, Milano, 2012
148 W.Goethe, Faust, 1831, atto II, versi 6869- 6870. Si veda anche M. Revelli, Umano Inumano Postumano, Torino, Einaudi, 2020, p. 18

semplicemente un corpo morto. [149]

Tornando alla filosofia, tra i pensatori che hanno, invece, proposto soluzioni spicca Angelo Tonelli.

Con un recente pamphlet, egli lancia un manifesto contro il transumanesimo, in cui all'analisi associa la proposta di "un nuovo mondo": in esso "l'individuo, psicocosmicamente unificato dalla Sapienza, può essere proposto come modello antropologico perfetto per gli umani di adesso e del futuro".

Per questo Tonelli raccoglie i migliori pezzi del lascito Eracliteo e di altri Sapienti ellenici per la centratura metafisica del sé e il risveglio in una coscienza cosmica unitaria.[150]

La Sapienza, insomma, come antidoto rispetto a fascinazioni transumane di tipo genetico o bio-ingegneristico.

Essa può, infatti, guidare l'autodeterminazione degli individui nelle scelte cruciali del libero arbitrio, pur sempre riconosciuto.

Il "consenso libero e informato", comunque, richiesto contrattualmente, per legge e per convenzioni internazionali, dunque, è il limite, ma anche la salvaguardia.

Per questo, Tonelli propone la necessità di una centratura sapienziale quale fondamentale momento di "coscienza di risveglio", per tacitare, nella quiete interna, propagande e paure, da quest'ultime indotte. E per sapere dire "no".

Parimenti, Michele Ciliberto ha segnalato, che il lascito dell'Umanesimo ha riacquistato attualità (...). Questo nuovo umanesimo si interroga su quale sia il ruolo che spetterà all'uomo in questo imminente scenario neotecnologico dominato dall'IA e dalla Robotica.[151]

"Che succederà al diritto quando la tecnica s'impossesserà della nascita e della morte degli esseri umani?", si domanda Natalino Irti, insieme a

---

[149] A. Sterpa, Diritto e corpo. Elementi per una questione, su Federalismi, Diritto e corpo. Elementi per una questione, 21 aprile 2021, pag. 200
[150] Tonelli, A. Nel nome di Sophia, un manifesto contro il transumanesimo, Agorà & Co, 2022
[151] M. Ciliberto, Il nuovo Umanesimo, Laterza, Bari-Roma, 2017, pag.64

Emanuele Severino[152].

Nuccio Ordine ha previsto che nei prossimi anni sarà necessaria una decisa difesa della cultura in senso lato, "(...) del sapere dei classici e dei beni culturali che fanno parte del patrimonio e della ricchezza immateriale della nostra società", perché, afferma Ordine, "sabotare la cultura e l'istruzione significa sabotare il futuro dell'umanità"[153].

Addirittura, lo stesso Harari, infine, afferma: "Per ogni dollaro e ogni minuto che investiamo per migliorare l'intelligenza artificiale, sarebbe saggio investire un dollaro e un minuto per migliorare la coscienza umana".[154]

È vero: il medico non può competere con gli algoritimi predittivi in campo prognòstico e terapeutico e il giudice non può competere con la grande memoria e capacità analogica del computer. È anche più vero che l'uomo è fallace poiché sbaglia sotto stress, stanchezza, emozioni, etc. Ma è anche verissimo che alle macchine manca la capacità critica, in due parole "la coscienza", necessaria a interpretare fenomeni e relazioni della vita.[155] Urge, come mai prima, dunque, un neoumanesimo.

La guerra per la salvezza dell'umanità si vince, in primo luogo, sul fronte dell'anima, a mezzo della cultura classica. Imperativo categorico: non fare diventare macchina l'uomo per restituirgli la dignità che gli è propria.

Detto ciò, per chiudere, vorremmo fare cenno ad un aspetto sottile ma importante: quello edonistico dell'aspirazione alla felicità che, si pretende, sarebbe sottesa al tentativo transumanista di diventare altro da sé con un *enhancement* tecnologico. Sentiamo un passaggio della Palazzani sul

---

152 N. Irti-E. Severino, Dialogo su diritto e tecnica. Laterza, Roma-Bari, 2001.
153 N. Ordine, L'utilità dell'inutile. Manifesto, con un saggio di Abraham Flexner, Bompiani, Milano, 2013, pag.160.
154 Harari Y.N., 21 lezioni per il XXI secolo, Bompiani, 2018
155 Anche se il caso LaMda sembrerebbe contraddire le presenti conclusioni, secondo la maggior parte degli scienziati l'asserita coscienza di se da parte della macchina è ancora cosa non raggiunta. Si segnala in proposito l'articolo "Caso Google, l'esperta di intelligenza artificiale: "LaMDA? Non è cosciente né indipendente come una persona" di G. Aluffi su Repubblica del 14.06.2021 riportante un'intervista a Rita Cucchiara, direttrice del Centro AI Research and Innovation dell'università di Modena e Reggio Emilia

tema:[156]

(...) Gli interventi biotecnologici di potenziamento possono alterare l'esperienza umana, filtrare e sostituire l'azione, togliendone il significato autentico. È l'attività genuinamente umana, perseguita per sé stessa, che ci consente di essere soddisfatti di noi stessi incondizionatamente, a prescindere dai risultati che otteniamo. La profonda struttura di queste attività rivela l'autenticità non mediata e trasparente: in questo senso

---

[156] Laura Palazzani, Identità e enhancement (potenziamento), in Patologie dell'identità e ipotesi di terapia filosofica, a cura di Gabriella Gambino, direttore il nostro Maestro Francesco D'Agostino, Jus Quia Justum Edizioni, giugno 2017, pag. 165. Un altra visione similare sul tema della felicità è quella di G. Samek Lodovici (in La perfezione che veramente desideriamo, su L'uomo di fronte alla sfida postumana, su Homo Cyborg il futuro dell'uomo, tra tecnoscienza, intelligenza artificiale e nuovo umanesimo, atti del XVI Convegno Nazionale e del XVIII Incontro Associazioni territoriali Roma, 25 maggio 2018, I Quaderni di Scienza & Vita, agosto 2020, Cantagalli, pag. 33)
che tenta di decostruire l'impianto culturale del transumanesimo, volto a porre al centro l'io come luogo di soddisfazione e del raggiungimento del piacere e della felicità. Rifiutare l'antropocentrismo, come invocano le teorie postumane, non significa disperdere le energie antropologiche degli esseri umani, che possono e debbono puntare alla vera felicità, grazie alla loro declinazione relazione. L'amore, liberato dalle pastoie di un sentimentalismo superficiale come dalle pretese narcisistiche, si ritrova ad essere sostanziato dalla
sua radice trascendente, capace di trasfigurare le relazioni umane e di avviarle ad un loro compimento. Sempre dello stesso autore, G. Samek Lodovici, Transumanesimo, immortalità, felicità su Etica & Politica / Ethics & Politics, XX, 2018, 3, pp. 517-538. ISSN: 1825-5167. In senso contrario A. Allegra, Postumanismo e vitalismo. Note su un nodo teorico, «Studium ricerca», 2 (2018), pp. 86-91). Secondo Antonio Allegra l'obiettivo finale del transumanesimo, o perlomeno di un gran numero dei suoi esponenti, è il raggiungimento di una condizione di immortalità e felicità. Così, annota Allegra, "l'enfasi sulla felicità aiuta a comprendere che il transumanesimo è, anche quando non sia direttamente schierato in questo senso, una forma di edonismo", per la precisione, spesso, nella variante utilitarista-welfarista, con la sua identificazione tra felicità e piacere. Dunque «la costruzione tecnologica dell'immortalità" mira ad una felicità transumana coincidente con la massimizzazione del benessere-piacere, e consisterà in una sommatoria quantitativamente illimitata di piaceri, conseguita attraverso la stimolazione micromeccanica o farmacologica o chimico-psicotropa dei centri cerebrali del piacere (...)": Nel suo saggio G. Samek Lodovici, Transumanesimo, immortalità, felicità su Etica & Politica / Ethics & Politics, XX, 2018, 3, pp. 517-538. ISSN: 1825-5167, esamina anche la deriva edonistica della rimozione del corpo per il sesso in solitaria o autoerotismo. Al testo di Samek Lodovici rinviamo.

l'azione acquisisce un valore morale, in relazione alla modalità e al fine. Il risultato ottenuto con mezzi artificiali potenziativi non è suscettibile di lode o di biasimo, ma solo di un giudizio tecnico relativo all'adeguatezza dei mezzi in relazione ai fini, che coincidono con i desideri soggettivi e/o sociali.

Il senso autentico e morale dell'agire umano si esprime nella tensione alla realizzazione di sé che coincide con il compimento di ciò che è propriamente umano (*human fulfillment*). L'*achievement* è la modalità non tecnologica e non artificiale che consente all'uomo di esprimere pienamente se stesso mediante la virtù, intesa in senso aristotelico, ossia l'abitudine costante a comportarsi in modo buono in vista della realizzazione delle proprie capacità naturali.(...) In questo senso il potenziamento non è uno strumento di liberazione del soggetto, bensì restringe l'autonomia dell'agente, intesa come libertà e responsabilità, con un "imbroglio fraudolento" nei confronti di se stesso e degli altri. (...)

È la consapevolezza del limite, della vulnerabilità, della mancanza che fonda l'autentica aspirazione dell'uomo alla realizzazione di sé. La motivazione al raggiungimento della pienezza umana dipende dal nostro essere creature indigenti con bisogni e desideri, consapevoli della finitezza, del divario ineliminabile tra l'aspirazione trascendente dell'anima e la limitata capacità dei corpi e delle menti. La fioritura dell'umano autentica non si esprime nel vivere in corpi perfetti e felici senza malattia, sofferenza e morte, ma è la vita vissuta nel tempo che accetta i limiti scanditi dal tempo in grado di apprezzare le soddisfazioni, di costruire legami con gli altri (familiari, amicali, solidali) nelle diverse stagioni della vita, dalla nascita all'invecchiamento, accettando anche il declino e la morte. La stessa aspirazione del desiderio è felicità, non solo l'appagamento del desiderio: la felicità si realizza anche nella soddisfazione raggiunta con l'impegno. (...)

Ovvero *Ad Astra per Aspera* come dicevano gli antichi.

In proposito, di seguito parleremo della "natura stellare" dell'Uomo, nota agli antichi ma ignota agli uomini moderni.

SOLUZIONE NORMATIVA: DIRITTO ALLA DISCONESSIONE E AUTODETERMINAZIONE DIGITALE

Se dunque serve l'umanesimo per salvare l'umano dal trans-umanesimo, in ultima analisi, serve anche un rimedio propedeutico: il diritto alla disconnessione digitale e all'autodeterminazione digitale.

La citata mancanza di regolamentazione internazionale del settore della rete digitale fa lì paventare, infatti, almeno a chi scrive, il vero pericolo.

L'identità digitale (a mezzo spid, cie, fascicoli sanitari elettronici, wallet e pass digitali, etc., oggi tutti riassunti in codici digitali QR per premialità e punizioni sociali) domani sarà connessa all'internet dei corpi.

Essa potrebbe condurre alla schiavitù vera e non virtuale.[157] Senza fare sforzi di fantasia, basti vedere cosa succede quotidianamente in Cina.

L'umano si difende, dunque, in secondo luogo, rivendicando il diritto alla libertà dalle macchine e dalle loro reti.

Chi scrive ritiene che sia, pertanto, necessario sviluppare una riflessione dottrinale tesa a proporre, anche con azione popolare ex-art.71 c.2 della Costituzione, una dettagliata normativa che:

- Garantisca che la tecnologia digitale non determini nocumento ai diritti inviolabili dell'uomo, nonché ai diritti costituzionali, per i cittadini che, anche a causa del c.d. *digital-divide*, non desiderano che l'esercizio di quei diritti venga espresso in senso totalmente o parzialmente immateriale e virtuale;
- Impedisca che si determinino forme di discriminazione, non-inclusione e isolamento sociale per i cittadini di cui al punto precedente;
- Persegua l'obiettivo di assicurare che in nessun modo le tecnologie digitali conducano ad una raccolta dei dati personali finalizzata alla sorveglianza della vita delle persone;
- Garantisca il diritto di disconnettersi dalla rete internet, nonché da ogni archivio e/o sistema informatico interconnesso in titolarità della pubblica amministrazione, senza che ciò nuoccia all'esercizio dei diritti naturali e costituzionali;

- Garantisca l'autodeterminazione digitale ovvero la possibilità di scegliere il grado e le modalità di coinvolgimento digitale nella propria vita relazionale e lavorativa;
- Assicuri che i servizi della pubblica amministrazione rivolti alla persona siano offerti anche in modalità materiale, per rispetto dei sopra ricordati principi di non-discriminazione nonché di inclusione e parità di accesso, senza penalizzazioni in termini di tempi procedimentali;
- Assicuri che i vari diritti costituzionali, tra essi quello allo sviluppo della persona umana, alla promozione della cultura e della ricerca, alla partecipazione all'organizzazione politica, economica e sociale siano tutelati anche in caso di disconnessione totale o parziale dalla rete internet, come anche in caso di autodeterminazione digitale.[158]

SOLUZIONE COSTITUZIONALE: UN NUOVO PATTO SOCIALE GIUSNATURALISTA

Ebbene sì, hanno tradito. Le Corti Nazionali (quasi tutte), quelle Europee e quelle Internazionali hanno negli ultimi due anni denegato il compito loro affidato.

Le ultime due, in molti casi, incredibilmente, e spesso con formali sentenze di non ammissibilità di azioni dinanzi ad esse proposte, hanno disconosciuto previsioni chiarissime di Trattati e Convenzioni internazionali da cui esse pur traggono fondamento e origine statutaria.

Le prime non hanno, invece, talvolta voluto ravvisare chiarissime e ripetute violazioni di vari articolati Costituzionali relativi a diritti della persona e di cittadinanza, negando, sin'anche, il diritto al lavoro e all'integrità personale.

In nome dell'emergenza ogni diritto è stato vilipeso e disconosciuto, anche in barba ad ogni residuale principio di ragionevolezza e di proporzionalità.

Per non tacere poi della classe forense supinamente genuflessa di fronte ai

---

157 I primi segni si vedono già oggi nell'ammorbante pensiero unico.
158 La presente proposta si rifà, mutatis mutandis, alla proposta di legge n.3690 presentata alla Camera dei Deputati il 20 luglio 2022.

poteri transnazionali e ai loro locali servitori. E stendiamo un velo pietoso su quegli avvocati che hanno vilmente approfittato delle difficoltà di tanta gente fieramente resistente, ma economicamente disperata.

Non si sa che cosa sia successo, poi, a tantissimi giuristi amanti del diritto e dei diritti, improvvisamente non riamati né dall'uno né dagli altri. Dimentichi, ora, dei principi di libertà e di non discriminazione pur sbandierati fino a pochi giorni prima.

L'evento "pandemonico" negli ultimi due anni, però, nonostante numeri incomparabilmente inferiori (e, comunque, artefatti), grazie alla macchina info-terroristica ha fatto a molti ricordare la peste del Manzoni *"Il buon senso c'era ma se ne stava nascosto per paura del senso comune"*.

Quel buon senso non si è, infatti, trovato né nelle aule dei Tribunali né tra gli studiosi del diritto.

Dunque?

Dunque, torniamo al Giusnaturalismo.

Esso potrebbe essere la risposta fondativa di un nuovo rapporto tra gli Stati "Leviatano" del XXI secolo e gli esseri umani.

Per esso, l'uomo è per natura libero e in pienezza di ogni potere. Egli delega solo temporaneamente alcuni dei suoi diritti ad un'istituzione di "mutuo soccorso", potremmo dire così, chiamato Stato.

E quella delega la può in ogni momento ritirare.

Per natura, l'uomo è portato a ricercare rapporti con i propri simili, anche se gli egoismi sono causa di conflitti.

Gli uomini devono quindi darsi delle leggi per poter vivere insieme.

Essi istituiscono tra loro un *patto sociale:* essi rinunciano, dunque, ad una parte dei poteri che tutti hanno, in quanto esseri liberi in natura. Perché la vera natura dell'uomo è la libertà.

L'obbiettivo di questo patto è l'utile, inteso quale benessere diffuso tra tutti gli uomini. Dunque, lo Stato è "un corpo perfetto di persone libere che si sono unite per fruire in pace dei loro diritti e per la propria comune utilità".

In virtù di questo fine il popolo trasferisce ad un organismo non solo l'esercizio, ma la sostanza stessa della sovranità. Questo organo deve governare i cittadini guidato dalla retta ragione, dare leggi fondate sulla ragione umana e avere come scopo il bene dei cittadini.[159]

Seppure Grozio giudicasse importante la stabilità del potere politico, però, sosteneva che i cittadini potevano attuare una resistenza passiva quando in disaccordo con il governo. Nel caso in cui l'istituzione che detiene il potere sovrano si manifesti come un nemico dell'intero popolo e operi per rovinarlo, in questo caso, sarebbe legittimo ribellarsi.

Per il Giusnaturalismo, infatti, sulla base dell'assunto che la natura dell'uomo è la ragione, bisognava identificare ciò che è naturale con ciò che è razionale.[160]

Il Giusnaturalismo fa scaturire la certezza dello *jus naturae* dalla sua necessità.

Per tale premessa le *leges naturae* impongono comportamenti necessari, certi, ovvero perfettamente prevedibili, in quanto essi, riflettendo la specificità della natura umana, non possono essere diversi da come sono. Ne consegue che un atto contrario al dettato dello *jus naturae* debba essere inteso come ingiusto dagli uomini, in quanto contrastante con la loro natura complessiva.

Conforme allo *jus naturae* è ciò che è giusto per tutti i popoli, o almeno per tutti quelli più civili [161] vale a dire lo *jus gentium*, che è specificamente costituito da quei precetti che sono riconosciuti validi dalle nazioni più civili[162]

---

159 Cfr.,https://www.homolaicus.com/teorici/grozio/grozio.htm.
Tra le opera di Grozio si veda: Il diritto della guerra e della pace, Centro Editoriale Toscano 2002; Prolegomeni al diritto della guerra e della pace, Morano 1979; Conciliazione dei dissensi sulla predestinazione, Edizioni del Cerro 1997; Corsano Antonio, Opere scelte. Vol. 4: Ugo. Grozio. L'Umanista, il teologo, il giurista, Congedo 1999

160 Sul punto questo vi è una radicale differenza rispetto all'ordine del diritto descritto da San Tommaso d'Aquino (https://www.centrostudilivatino.it/tommaso- daquino-il-diritto-fra-ragione-e-relazione/) e con la Riforma cattolica(https://www.centrostudilivatino.it/5-francisco-suarez-e-il-de-legibus-tra-i-fondamenti-del-pensiero-giuridico-occidentale/).

161 Cfr. Hugonis Grotti, De jure belli ac pacis, cit., I, I, XII, 1, p. 15: «a posteriori vero, si non certissima fide, certe probabiliter ad modum, juris naturalis esse colligitur id, quod apud omnes gentes, aut moratiores omnes tale esse creditur. Nam universalis extimationis causa vixulla videtur esse posse praeter sensum ipsum, communi qui dicitur».

162 lo jus gentium parte dalla comune volontà dei popoli e mira alla loro utilità: cfr. ivi, I,

Il *sensus communis* degli uomini – che Eraclito definiva λόγον ὁ ξυνός[163] – porta soggetti appartenenti a diversi popoli e culture a volere la medesima norma di relazione.

Il senso comune è l'espressione a livello collettivo della partecipazione alla costruzione razionale della società da parte degli uomini. Esso sorregge l'ordine naturale.

Così si comprende perché Grozio affidi al *consensus gentium*, che Aristotele aveva definito 'valido per i più'[164] la formulazione di norme che siano universali, appunto perché comunemente sentite.[165]

Il *De jure belli ac pacis* di Grozio divenne famoso come espressione dell'Umanesimo, Per questo motivo fu interpretato nello spirito della cultura moderna, che fece del Giusnaturalismo groziano il proprio programma etico-giuridico, così come fece del pensiero di Bacone, Cartesio e Galileo il proprio programma metodologico e scientifico.[166]

A fronte della nuova religione dello scientismo, che nasconde le proprie tendenze conformizzanti e autoritarie dietro la falsa apparenza di verità scientifiche asseritamente irrefutabili e inesorabili, serve oggi contrapporre una nuova declinazione dei diritti fondamentali dell'Uomo basata sulla definizione dell'assoluta e indefettibile natura dell'uomo quale "essere libero".[167]

Serve, dunque, un nuovo patto sociale, un patto sociale giusnaturalista.

Sul nuovo patto sociale la base solida su cui fondare le libertà e i diritti

---

Prol. 16-17, pp. XII-XIII. Cfr. D.Onori, https://www. centrostudilivatino.it/6-grozio-e-i-riflessi-del-giusnaturalismo-sul-diritto-moderno/io e i riflessi del giusnaturalismo sul diritto moderno, apr.24, 2021

163 .Cfr. ivi, I, I, XII, 1, p. 16.

164 Aristotele, Etica Nicomachea, trad. it. di Carlo Natali, Roma-Bari, Editori Laterza, 2007, libro I, cap. I, pp. 2-7

165 Grozio individua i diritti naturali in: l'astenersi dalle cose altrui, la restituzione dei beni altrui e del lucro da essi derivato, l'obbligo di mantenere le promesse, il risarcimento del danno arrecato per colpa propria e il poter essere soggetti a pene tra gli uomini.

166 D.Onori, Grozhttps://www.centrostudilivatino. it/6-grozio-e-i-riflessi-del-giusnaturalismo-sul-diritto-moderno/io e i riflessi del giusnaturalismo sul diritto moderno, apr.24, 2021

167 Per altri approfondimenti si rimanda a N.Bobbio, Giusnaturalismo e positivismo giuridico, a cura di L.Ferrajoli, Laterza 2011.

umani contro l'aggressione tecnologica transumanista e antilibertaria.

xxxxxxxxxxxx

Oggi le istituzioni, la magistratura e la politica hanno tradito il patto sociale di leale affidamento[168] con i cittadini.

Grazie a un formidabile apparato di propaganda a senso unico, sono state violate norme costituzionali, messe in campo inusitate discriminazioni e represse le manifestazioni di dissenso con inaudita violenza.

Tutto questo nel silenzio docile e complice di molti buoni, già amanti delle libertà e delle non-discriminazioni.

Per questo, proprio per quelle esperienze pure molto recenti, oggi tutti, e i "buoni" per primi, devono essere ancora più preoccupati della devastante pervasività degli enormi interessi economici sottesi alle qui descritte tecnologie transumaniste. Per non scoprire un domani che codice QR e pass, non erano segno di un proprio privilegio, ma inizio della propria prigionia (o libertà vigilata, se si vuole).

Senza una reazione unanime, costante e non-violenta, anche con le azioni qui suggerite, la società della sorveglianza sarà in pochi anni, forse mesi, in Italia realtà.

Quelle stesse tecnologie potranno un bel giorno impedire il benché minimo pensiero libero o critico.

E il pensiero critico fa l'Uomo.

L'ANIMA, ERMETE E IL NEO-UMANESIMO

Abbiamo detto prima che il presupposto filosofico che sta alla base del "pensiero transumanista" è l'assunto secondo il quale "l'anima non esiste". Da esso ne discende una convinzione sulla finitezza della vita umana, inaccettabilmente priva di senso.

Novello apprendista stregone, l'uomo moderno tenta, dunque, disperatamente di sottrarsi alla morte, perpetuando la permanenza in un corpo fisico che, invece, per ineffabile comando interiore si deteriora con il

---

168 Diceva Norberto Bobbio: "Nelle società di eguali: "Bisogna mantenere le promesse"; nelle società di disuguali: "Bisogna ubbidire ai comandi del superiore".

tempo.

Quasi a volersi celare sotto mentite spoglie, egli si cimenta, allora, in una rocambolesca fuga dalla natura: per questo modifica il proprio corpo fisico, finanche nel codice genetico.

Da qui l'uso delle tecniche bio-ingegneristiche per la creazione di *cyborg* con inserti sintetici per nuovi arti o organi, a fini non terapeutici, ma di *human enhancement,* e, financo, il tentativo di inserimento della memoria umana all'interno di un robot. Allo stesso fine mirano, ancora, le tecniche di mutazione genetica per esseri umani oggi brevettabili. Almeno secondo la giurisprudenza americana, laddove oggetto di modifica operata dall'uomo con il Dna complementare.

Per contro tutte le civiltà terrestri per secoli hanno, invece, fermamente e costantemente creduto nella esistenza dell'anima.

Per tali civiltà essa non muore mai. Altro corpo rispetto a quello fisico, a sua volta ripartita in altri corpi sottili vibranti a diverse frequenze, l'anima sopravvive al disfacimento del corpo materiale.

L'anima, anzi, torna a vivere, credevano, ancora più di prima, allorché ritualmente purificata al fine della sua trascendenza (da trans+ascendere), ovvero della sua ascesa tra le stelle.[169]

Nel pensiero antico le stelle sono infatti della stessa sostanza dell'anima e ad esse essa può ritornare dopo il distacco dal corpo terreno.

La coerente e totalizzante adesione a tali credenze, come alle connesse pratiche spirituali, da parte delle civiltà del passato è stata spesso direttamente corrispondente alla loro forza politica, militare ed economica nonché culturale: basti pensare alla radicatissima civiltà spirituale e alla forza economica o militare degli Egizi, o degli Etruschi, dei Romani o dei Greci, etc.

I popoli antichi fondavano, per questo, la propria identità collettiva proprio sul rapporto, quasi pattizio, con gli dèi, decisori onnipresenti di ogni evento umano. Sul tema basti rileggere l'Iliade e l'Odissea di Omero, formidabile fondazione di tutta la civiltà classica.

---

[169] A.Bruno, "Il Pantheon del Cielo", 2022

Per perpetuare l'eterno ciclo vitale dell'anima umana e consentire l'*ascensio ad astra,* sfuggendo al ciclo delle vite e delle reincarnazioni immemori, tali popoli avevano perfezionato tecniche spirituali teurgiche, astrologiche, magiche, etc., praticate sotto varie discipline in ogni angolo del pianeta.

I popoli antichi mettevano l'uomo al centro dell'universo. Esso ragione e misura di ogni cosa, come dicevano Protagora e Leonardo da Vinci,[170] era pari se non superiore agli stessi dèi causa la sua natura al contempo mortale e immortale, per come diceva Ermete Trismegisto.

Questa la sensibilità delle civilizzazioni del passato. Essa può riassumersi nel concetto di "umanesimo".

Causa la natura più giuridica di questo breve pamphlet, non possiamo fare altro che rimandare alla sintesi del pensiero umanista che si trova nel Corpus Ermetico e nell'opera Platonica, in Menandro e Seneca, in Petrarca e Boccaccio, nel neoplatonismo rinascimentale e in Leon Battista Alberti, etc.

Oggi la migliore risposta al trans-umanesimo, ovvero la capacità di rigettarne le fascinazioni negando il consenso ad ogni somministrazione e/o trattamento, risiede nella capacità di discernimento e di sapiente critica che può venire all'uomo odierno dalla frequentazione e cura di studi umanistici, come delle varie tecniche ad essi legate come la meditazione o la teurgia.

Urge, pertanto, un neoumanesimo.

Per questo vogliamo ora citare alcuni immortali passi dell'Asclepius di Ermete Trismegisto. In esso viene fatta un'eccezionale sintesi dell'umanesimo, con riferimento al senso della vita umana e della sua posizione privilegiata nell'universo e tra gli dèi.

> "(…) o Asclepio, l'uomo è un grande miracolo, un essere vivente che deve essere oggetto di reverenza e di onore. Egli, infatti, passa nella natura di dio, come se lui stesso fosse dio; conosce il genere dei demoni, in quanto

---

170 "L'uomo è misura di tutte le cose. Delle cose in quanto sono, delle cose che non sono in quanto non sono" diceva Protagora, filosofo sofista vissuto nel V secolo (Diels e Kranz, I Presocratici, Laterza, 1969 frammento 80 B1) Lo stesso scrisse Leonardo da Vinci nel suo "Uomo di Vitruvio". L'uomo vitruviano è un disegno a penna e inchiostro su carta di Leonardo da Vinci, conservato, ma non esposto, nel Gabinetto dei Disegni e delle Stampe delle Gallerie dell'Accademia di Venezia.

riconosce che ha avuto origine insieme con loro; disprezza la parte di sé che è di natura umana, in quanto ha posto la sua fiducia nell'altra, che è di natura divina. Quanto più felice è la natura composita dell'uomo! Congiunto agli dèi da una natura divina, ad essi affine, egli disprezza nel suo intimo quella parte di sé nella quale è terreno. Tutte le altre sostanze le trae a sé con un legame di affetto, perché riconosce la sua parentela con esse, che è conseguenza di un ordine divino. Leva lo sguardo al cielo. Così, dunque, l'uomo è stato collocato nella posizione più felice, che è quella intermedia, sì che egli ama quegli esseri che stanno sotto di lui ed è oggetto di amore da parte di quelli che stanno sopra di lui. Coltiva la terra; si mescola agli elementi con la velocità del pensiero; si immerge nelle profondità del mare con la acutezza della sua mente.

Ogni cosa gli si dischiude: il cielo stesso non gli sembra troppo alto, poiché egli lo misura nella sua intelligenza, come se gli fosse vicino. Nessuna nebbia offusca la concentrazione del suo pensiero; lo spessore della terra non impedisce la sua opera; nessuna profondità di abissi di mare ottunde la sua vista, che guarda dall'alto. Egli è ogni cosa ed è dappertutto.

(...) Le anime si nutrono del mai fermo movimento del mondo. I corpi crescono grazie all'acqua e alla terra, che sono il cibo del mondo inferiore. Lo spirito che riempie tutto si mescola ad ogni cosa e dà vita ad ogni cosa, mentre l'intelletto si aggiunge alla capacità di comprendere, che l'uomo possiede: esso costituisce la quinta parte, che è stata donata all'uomo soltanto e proviene dall'etere. Tra tutte le cose viventi, l'intelletto arricchisce solamente gli uomini e li solleva alla comprensione del pensiero di dio; dona loro una posizione eretta e li tiene diritti (...)

Allora, siccome era così grande e buono, dio volle che ci fosse un altro essere che ammirasse quello che egli aveva creato da sé stesso: così, immediatamente dio creò l'uomo, imitatore della sua ragione e del suo amore. La volontà di dio è, di per sé, perfetto compimento, dal momento che la volontà e il compimento hanno attuazione contemporaneamente. E così dio, dopo che ebbe creato l'uomo *ousiodes* e si fu accorto che esso non avrebbe potuto prendersi cura di ogni cosa se non fosse stato avvolto di una copertura materiale, lo protesse con una casa corporea e volle che tutti gli esseri umani fossero come questo, mescolando e combinando le due nature in una secondo le loro giuste proporzioni. Perciò dio formò l'uomo con la natura dell'anima e la natura del corpo, cioè con quella eterna e con quella mortale, cosicché l'essere animato così conformato potesse soddisfare ad entrambi i suoi principi, guardando con stupore gli esseri che sono nel cielo e adorandoli, curando gli esseri mortali e governandoli. (...)

L'uomo è un essere vivente, pertanto, ma non inferiore per il fatto che è in parte mortale; infatti, è per uno scopo preciso che è stato dotato della condizione mortale, e quindi è stato creato composto in modo più funzionale ed efficace di tutti gli altri esseri animati. Se l'uomo non fosse stato fatto di entrambe le materie, non sarebbe stato capace di assolvere ad entrambi i compiti, così fu fatto di entrambe, perché avesse cura delle cose terrene e amasse la divinità. (...)

Il signore dell'eternità è il primo dio, il mondo è il secondo, l'uomo è il terzo. Dio è il creatore del mondo e di tutto quello che esso contiene, e governa tutte le cose insieme con l'uomo stesso, il quale governa il mondo che è stato messo insieme da dio. Avendo la responsabilità di tutto questo, che è il compito specifico della sua attenzione (cioè, quello di dedicarsi all'amore per il mondo), l'uomo fa in modo che egli e il mondo siano ornamenti l'uno dell'altro, cosicché, in seguito a questa sua divina composizione, l'uomo è detto *kosmos* in greco, o anche 'mondo', come diciamo noi.

L'uomo conosce sé stesso e conosce anche il mondo, evidentemente perché si ricordi del suo compito e riconosca di quali cose debba servirsi e a quali debba servire. Così facendo, l'uomo rende a dio i massimi ringraziamenti e i massimi onori, onorando la sua immagine; non ignora che anch'egli è la seconda immagine di dio, perché dio ha due immagini: il mondo e l'uomo. Pertanto, sebbene l'uomo sia un'unica compaginazione, avviene che nella parte in cui è composto di anima e di intelligenza, egli sia divino grazie al soffio vitale e alla ragione, e quindi, in quanto composto di elementi superiori, possa ascendere fino al cielo. Ma nella sua parte materiale, che consiste di fuoco e di terra, di acqua e di aria, l'uomo rimane fisso sulla terra, per non lasciare abbandonate e deserte tutte quelle cose che sono state affidate alla sua cura. Pertanto, l'uomo è stato fatto divino in una parte, mortale nell'altra, quella che risiede in un corpo. (...)

LA VERA POSTA IN GIOCO: L'ANIMA DA PLUTARCO A RUDOLF STEINER

Lo scopo del libro non è un trattato sull'anima, pur negata dai transumanisti, e, alla fine, vera posta in gioco: tra terapie geniche a mRNA e cibernetizzazione umana la posta è proprio l'anima e la privazione, *rectius* l'uccisione di essa.

Ci basti cennare al fatto che, come noto, Rudolf Steiner in più occasioni fece cenno ai vaccini, creati per allontanare la spiritualità dagli uomini. In una conferenza il 27 ottobre 1917 ebbe a dire:[171]

> Come oggi i corpi vengono vaccinati contro questo e quello, così in futuro i bambini saranno vaccinati con una sostanza che può certamente essere prodotta, così che attraverso questa vaccinazione le persone saranno immuni dalla "follia" della vita spirituale (...), follie naturalmente dette in senso materialistico

In un suo testo Steiner scrisse:

> [Verrà il tempo] ... in cui si dirà: è patologico se le persone pensano allo spirito e all'anima. Solo quelle persone che parlano solo del proprio corpo sono sane. Si considererà un sintomo di malattia se l'essere umano si sviluppi in modo tale da poter arrivare all'idea che ci sia uno spirito o un'anima. Quelli saranno i malati. E uno troverà, si può esserne sicuri, il farmaco appropriato, attraverso il quale funzionerà. A quel tempo, nel Concilio di Costantinopoli del 869, lo spirito fu abolito. L'anima sarà, invece, abolita dalla medicina. Da una prospettiva sana, si troverà un inoculo attraverso il quale l'organismo sarà elaborato nella prima giovinezza possibile, il più presto possibile alla nascita, affinché il corpo umano non arrivi al pensiero: c'è un'anima e uno spirito. Le due correnti di visioni del mondo si opporranno così nettamente. Si dovrà pensare a come i concetti e le idee devono essere formati in modo che possano far fronte alla realtà reale, la realtà dello spirito e dell'anima. Gli altri, i successori dei materialisti di oggi, cercheranno il vaccino che renda il corpo "sano", cioè,

---

171 Rudolf Steiner: Die spirituellen Hintergründe der äußeren Welt, GA 177, S. 237, Vortrag vom 27.10.1917

> faccia in modo che attraverso la sua costituzione questo corpo non parli più di stupidaggini come di anima e spirito, ma "Sano" parli solo delle forze che vivono nelle macchine e nella chimica, che costituiscono pianeti e soli nella nebulosa cosmica. Ciò sarà determinato da procedure fisiche. Sarà affidato ai medici materialisti di esorcizzare le anime dal genere umano.[172]

E ancora, sempre Steiner

> L'era materialista si sforza da certi circoli di paralizzare tutto lo sviluppo spirituale dell'umanità, per renderlo impossibile; per convincere le persone a rifiutare, semplicemente per il loro temperamento, per il loro carattere, per rifiutare qualsiasi cosa spirituale, per vederla come follia. Una tale corrente - in alcune persone è già evidente oggi - si approfondirà sempre di più. Il desiderio sorgerà che generalmente diventa giudizio: lo spirituale, l'animico è follia, è idiozia! Si cercherà di raggiungere questo obiettivo producendo vaccini contro di esso, in modo che, proprio come i vaccini sono stati sviluppati per proteggere dalle malattie, poi verranno sviluppati alcuni vaccini che influenzeranno il corpo umano in modo tale che alle tendenze spirituali dell'anima non venga concesso alcuno spazio. Le persone saranno vaccinate contro la disposizione per le idee spirituali."[173]

Fatte queste (inquietanti) citazioni di Steiner, ci tocca precisare che il presente testo non è minimamente rivolto a questioni spirituali.
Nè è nostra intenzione di trattare, dicevamo, dell'anima. Non possiamo non rimandare, dunque, i nostri pochi lettori al gigantesco lavoro del divino Platone su di essa. Tantomeno siamo in grado di affrontare, per nostra pochezza, le incomparabili analisi mistiche di Plotino e degli altri neopitagorici.
Ci limiteremo al nazional-popolare trasmessoci da Plutarco in merito ai viaggi post mortem, tema dei temi, retrostante le inconfessate paure all'origine delle follie dei trans-umanisti.
Plutarco narra dell'esperienza ultramondana di Tespesio di Soli che,

---

172 Rudolf Steiner: Die spirituellen Hintergründe der äußeren Welt, GA 177, S. 97f.
173 Rudolf Steiner: Individuelle Geistwesen und ihr Wirken in der Seele des Menschen, GA 178, S. 89

> dopo una vita dissoluta e dissipata, morì in seguito a una caduta a testa in giù da un luogo elevato. Ma tre giorni dopo, durante i funerali, ritornò in vita, e iniziò un modo di vivere completamente diverso dal precedente, onesto e virtuoso. Egli stesso raccontò che, dopo che la parte razionale si separò dal corpo, gli accadde di provare una sensazione simile a quella di un tuffatore che si getta in acqua da una barca. Poi gli parve di riemergere un poco e di respirare con tutto il suo essere, e che il suo sguardo si volgesse contemporaneamente in tutte le direzioni, come se la sua anima si fosse aperta al pari di un unico occhio. Lo spettacolo era del tutto insolito, a parte le stelle immense e distanti fra loro uno spazio infinito. Esse emettevano raggi meravigliosamente colorati e dotati di una certa energia, per cui l'anima, trasportata liberamente dalla luce come una barca sul mare calmo, si muoveva facilmente e rapidamente in ogni direzione. Tralasciando la maggior parte di ciò che vide, disse che le anime dei morti, salendo dal basso, producevano bolle luminose, mentre l'aria si scostava davanti a loro. Poi la bolla si spezzava lentamente, ed esse ne uscivano in forme simili a figure umane, ma di lieve peso (…) Più in alto, in una zona pura dell'aria circostante, era possibile scorgerne altre: queste erano luminose e sovente si accostavano tra loro in letizia, evitando quelle in preda allo sconvolgimento. A quanto gli parve, segnalavano scontentezza quando si chiudevano in sé, gioia e soddisfazione quando volavano espandendosi.[174]

Riconosciuta l'anima di un parente, questi gli dice: "Non sei morto, infatti, ma per qualche disegno degli Dei sei giunto fin qui con la tua parte razionale, lasciando nel corpo, come un'ancora, il resto della tua anima."[175] Tespesio si trovò allora lanciato in "quello che gli pareva uno spazio immenso" fino a che,

> giunto presso una grande voragine che si estendeva al fondo per ogni parte, fu abbandonato dall'energia che lo trasportava. […] Dentro si scorgeva un luogo adorno di una selva verdeggiante e di ogni sorta di fiori colorati, al pari delle grotte bacchiche; vi spirava una brezza dolce e mite che sollevava dolci aromi e un meraviglioso piacere. Di lì Dioniso era asceso fra gli Dei, spiegò il parente, e in seguito vi aveva condotto Semele e il luogo era detto

---

174 Plutarco, "I ritardi della punizione divina", 563C-564B, op. cit., pp. 163-166.
175 Plutarco, Ivi, 564C, p. 166.

di Lete. Tespesio voleva soffermarsi, ma l'altro non glielo permise. Lo trascinò via a forza, spiegandogli che la parte razionale si scioglie e diventa liquida per il piacere, mentre quella irrazionale e corporea, trovando nutrimento e rivestendosi di carne, si ricorda del corpo: e questo ricordo produce un desiderio struggente che la trascina a nascere: infatti la nascita ha questo nome in quanto è un'inclinazione dell'anima verso la Terra per effetto dell'umidità che l'appesantisce.[176]

L'abisso nel quale giunge Tespesio, "portato da fasci di luce come fossero ali", si trova fra la Terra e la Luna. Alla fine del suo viaggio "risucchiato improvvisamente come da un sifone in un soffio violento e vigoroso, ricadde nel corpo e riaprì gli occhi quasi dal suo stesso sepolcro."[177]

Così pure Timarco di Cheronea, che "desiderava conoscere la potenza del demone di Socrate, poiché era un giovane coraggioso e da poco aveva provato gusto alla filosofia, (…) scese nella grotta di Trofonio compiuti i riti relativi a quell'oracolo".[178] Egli "rimase là sotto due notti e un giorno: quasi tutti disperavano che ne uscisse vivo, e i suoi lo piangevano, ma la mattina di buon'ora risalì tutto raggiante" e, dopo aver ringraziato il Dio,

> disse che, sceso nel recesso dell'oracolo, dapprima si era trovato immerso in una profonda oscurità; poi, levata una preghiera, era rimasto a giacere a lungo, senza comprendere chiaramente se fosse sveglio o se stesse sognando. Tuttavia, aveva provato la sensazione che, nello stesso momento in cui si produceva un improvviso rumore, la sua testa fosse colpita e le suture del cranio cedessero, lasciando l'anima libera di uscire. E come quella si allontanava mescolandosi felice all'aria libera e pura, gli pareva che respirasse allora per la prima volta a pieni polmoni, dopo essere stata a lungo compressa, e occupasse un volume maggiore, quasi fosse una vela gonfiata dal vento; in seguito, udiva indistintamente ronzare qualcosa che, trascinato intorno alla sua testa, produceva un suono gradevole.

Vide allora

---

176 Plutarco, "I ritardi della punizione divina", 565E-566A.
177 Plutarco, "I ritardi della punizione divina", 568, p. 175
178 Plutarco, "Il demone di Socrate", 589F-590A, ed. A. Aloni, Milano 1993, pp. 101-102. Il culto oracolare dell'eroe Trofonio, nell'omonima grotta a Livadeia in Beozia

> isole splendenti di un fuoco tenero che si illuminavano a vicenda passando da un colore all'altro (…) innumerevoli e straordinariamente grandi, che non erano tutte uguali ma tutte ugualmente di forma circolare. Gli sembrava che esse muovendosi in circolo producessero nell'Etere un suono [armonioso]; la delicatezza di quel suono che derivava dall'accordo di tutti i suoni corrispondeva infatti alla dolcezza del movimento.[179]

Mentre Timarco osservava queste e altre meraviglie, gli si avvicinò un demone che gli disse:

> Noi però ben poco sappiamo delle regioni superiori; quelle spettano ad altri Dei. Se lo desideri, ti è lecito contemplare il dominio di Persefone che noi amministriamo, una delle quattro parti, delimitata dallo Stige" e avendogli Timarco chiesto che cosa fosse lo Stige: "È la strada verso l'Ade", risponde, che proviene dalla parte opposta a noi e separa con il suo culmine la luce. Esso si estende dall'Ade verso l'alto, come vedi, e là dove tocca la luce nella sua rivoluzione, delimita l'ultima parte dell'universo.[180]

Una volta che il demone ebbe taciuto, Timarco avrebbe voluto voltarsi per vedere chi gli aveva parlato, ma "avendo provato nuovamente un forte dolore al capo, come se fosse stato compresso con la forza, non poteva più intendere né sentire alcunché intorno a lui."[181] Poi, ritornato in sé, si ritrovò disteso all'ingresso della grotta di Trofonio.

Tali consapevolezze animiche, in ultimo, costituiscono la più grande protezione rispetto all'ipnosi delle propagande terroristiche e dittatoriali del pensiero unico, dirette dal World Economic Forum, per conto delle elites a mezzo dei loro prezzolati e sciocchi servitori.

Di fronte a tanta *hybris*, non tarderà, comunque, ne stiano certi, la punizione divina.

Vogliamo ricordare, infine, l'insegnamento di Vitruvio: le proporzioni ideali del corpo umano, dimostrano come esso possa essere armoniosamente

---

179 Plutarco, "Il demone di Socrate", 590B-D, op. cit., pp. 102-103.
180 Plutarco, "Il demone di Socrate", Ivi, 591A, p. 104
181 Plutarco, Ivi, 592E, p. 108;

inscritto nelle due figure "perfette" del cerchio, che simboleggia il Cielo e la perfezione divina, e del quadrato, che simboleggia la Terra.

Ad Maiora vertite.

CONCLUSIONE

In questo breve testo, dedicato al "Trans-umanesimo e Neo-Umanesimo", abbiamo fatto cenno al delicatissimo tema degli *IP rights* che, per giurisprudenza USA e contratti modello brasiliani e albanesi, sono in capo ai produttori, causa il "DNA complementare" creato dai sieri, per come ormai accertato da numerosi studi scientifici.

Ricollegandoci alla premessa, "Qualcosa di nuovo per la salvaguardia individuale", segnaliamo che urge capire che la dimensione del problema del trans-umanesimo genetico, in particolare, è globale. Essa è ovvero legata al *Great Reset,* primariamente dei diritti e delle libertà, pianificato e diretto da decenni da una ristretta cerchia di dinastie, proprietarie di holdings finanziarie (Blackrock, Vanguard, State Street, etc) titolari di "crediti sovrani", partecipanti e controllanti numerose corporations multinazionali.

Un gruppo di esse, chiamato BigPharma, delegato della quota sanitaria del Great Reset, si è visto che non risponde né a poteri giudiziari né al controllo di poteri legislativi di istituzioni, come l'UE, ancor meno degli Stati.

Rispetto al potere giudiziario, a parte alcuni validi esempi di magistratura "territoriale", quella europea (CGUE) e centrale statale, dalla Corte Costituzionale al Consiglio di Stato, non hanno mai osato mettere in discussione, in Italia, la c.d. "scienza" asseverata dalle Agenzie mediche. Col piccolo dettaglio che sia O.M.S. che E.M.A. sono agenzie sanitarie finanziate in quota maggioritaria (oltre l'80%) dalle stesse corporations farmaceutiche multinazionali.

Anzi, le Corti di Giustizia citate hanno assertamente messo avanti al dettato costituzionale sui diritti dei cittadini, la cosiddetta "scienza" di BigPharma.[182]

Per quanto riguarda il potere di vigilanza del potere legislativo, basti ricordare che il CEO di una nota azienda farmaceutica ha più volte rifiutato

---

182 F.Borgonovo, "La Consulta si mette a nudo. Altro che Costituzione, difende Europa e scienza", articolo di commento all'intervista del Presidente della Corte Costituzionale al Corriere della Sera, in La Verità del 10.12.2022

l'invito a riferire davanti al Parlamento Europeo[183] (istituzione che pure gli ha commissionato commesse per 90 miliardi di euro) nè ancora, al momento in cui scriviamo, il Parlamento italiano ha inteso costituire commissioni d'inchiesta parlamentari.

Ancora più intoccabile, risulta BigTech. Essa è stata delegata alla propaganda, censura e discredito (pur con la incredibile succitata eccezione di Elon Musk), a mezzo di società di *fact-checkers* profumatamente pagate per creare false notizie e/o diffamare o discreditare ricercatori e dissidenti rispetto alle vulgate *mainstream.*

Essa risulta centrale rispetto al Reset non solo sanitario, ma per tutta la successiva agenda di restrizione delle libertà.

Le agenzie mediatiche e i giornali nazionali, infatti, ormai sono diventati meri "ripetitori", della fabbrica delle notizie *mainstream,* e denigratori, parimenti, di ogni fonte di libera espressione scientifica o di libero pensiero, in generale, anche di quello di uno dei più grandi filosofi al mondo quale Giorgio Agamben.[184]

Il punto è che sia le multinazionali di BigPharma che le multinazionali di BigTech sono partecipate e controllate dalle stesse istituzioni finanziarie globali titolari dei debiti pubblici sovrani che controllano gli Stati.[185]

---

183 "Vaccini Covid, l'ad di Pfizer Bourla rifiuta per la seconda volta un'audizione davanti al Parlamento europeo" di F.Q. sul Fatto Quotidiano del 5 dicembre 2022

184 "Il discorso fuorviante di Giorgio Agamben sui «vaccini anti Covid sperimentali» (che non lo sono)" di David Puente del 9 Ottobre 2021 su open.it. Personalmente considero questo articolo una delle espressioni più "fasciste" e infami del giornalismo in Italia. Ps a Open partecipa il noto giornalista Enrico Mentana.

185 F.Mercadante, "Che cosa hanno in comune Pfizer, BlackRock, Facebook e le banche?", su https://www.econopoly.ilsole24ore.com/ del 02 Febbraio 2021. Riportiamo per intero l'articolo : "Pfizer, entità inafferrabile da 214 miliardi di dollari, è la terza azienda farmaceutica al mondo. Per descriverla, nella recente letteratura giornalistica, si sono sprecati appellativi e similitudini d'ogni genere e specie: "(...) come un Titano" qualcuno scrive, rievocando le ancestrali forze cosmogoniche; altri la associa con Moloch, la temibile divinità cananea dell'Antico Testamento; non manca poi chi ricorre alla spaventosa figura del Leviatano, anch'essa veterotestamentaria; si è giunti pure a Humbaba, il terrificante guardiano della foresta nell'epopea di Gilgameš. Insomma, s'è lasciata la fantasia a briglie sciolte e, come spesso accade, s'è ecceduto allontanandosi molto dai fatti. Noi, però, già che ci siamo, vogliamo contribuire ad arricchire la lista e aggiungiamo l'immagine di Briareo: non già per partecipare al gioco di differimento,

bensì per offrire un medium di pertinenza: Briareo, figlio di Urano e Gea, ha cinquanta teste e cento mani; non a caso, è altrimenti noto come centimani. Ci proponiamo, infatti, di guidare il lettore all'interno della selva oscura di quegli intrecci finanziari che caratterizzano il mondo del farmaco e, oggi, in particolare dei vaccini anti-covid. Intendiamoci, a scanso di equivoci: d'una parte della selva! Questo è un articolo, non un dossier; e si comprende bene che, invece, occorrerebbe un congruo carteggio.

Per l'appunto, dicevamo di Briareo, metafora mitologica dalle cinquanta teste e dalle cento mani; la qual cosa non deve portarci di filato all'idea del complotto dei plutocrati occulti. Sarebbe ridicolo e qualunquistico, oltre che impertinente. Abbiamo il dovere, tuttavia, di osservare con rigore i dati e le circostanze in cui questi si sono formati. Cominciamo col dire che, nell'azionariato della Pfizer compaiono alcuni insormontabili giganti degli investimenti come Vanguard, BlackRock e Wellington, che possiedono, rispettivamente, l'8,12%, il 7,46% e il 4,22% del colosso farmaceutico statunitense. Anche se non hanno bisogno di presentazioni, per dovere di cronaca diciamo chi sono, di cosa si occupano e che valore hanno sul mercato. BlackRock è la più potente e ricca società d'investimenti al mondo, è una statunitense purosangue, gestisce un patrimonio di più di 8.000 miliardi di dollari ed è stata definita "banca mondiale ombra", "roccia invisibile" et similia. Vanguard Group è un'altra società d'investimenti statunitense, ha asset per oltre 5.000 miliardi e, in quanto a negoziazione di fondi, è seconda sola a BlackRock. La più piccola del gruppo – "piccola"... si fa per dire – è la Wellington Management Company, altra società d'investimento statunitense, con una gestione di circa 1.500 miliardi di dollari. Quest'ultima, tra le altre cose, è strettamente 'imparentata' proprio con la Vanguard. Fin qui, null'altro se non un quadro di finanza internazionale ordinario. Senza troppa fatica, però, si scopre che BlackRock e Vanguard sono pure i maggiori investitori istituzionali di Facebook: BlackRock col 6,59%, Vanguard col 7,71%; in pratica, si tratta dei primi due. E la Wellington? Non sta di certo a guardare, giacché, a propria volta, è dentro la BlackRock col 3,36%. La metafora delle cinquanta teste e delle cento mani comincia a farsi efficace. Vanguard e Wellington, inoltre, sono presenti nell'azionariato della Pfizer anche attraverso i fondi comuni: Vanguard-Wellington Fund 0,96%, Vanguard Specialized-Health Care Fund 1,31%, Vanguard 500 Index Fund 2,05%, Vanguard Total Stock Market Index Fund 2,80%. Se, da una parte, non possiamo – né intendiamo – giungere a conclusioni strampalate circa le forme di controllo della salute globale, dall'altra, non possiamo di certo fare a meno d'interrogarci sul valore che assumono alcuni dati, in specie quelli di un social network ormai noto per aver venduto a Spotify, Netflix, Amazon e Microsoft gli accessi degli utenti. Alla luce dell'accertato legame finanziario tra il settore farmaceutico, quello finanziario e quello dei social network, sorgono per lo meno dei dubbi in materia di vigilanza. Chi può controllarne l'operato? Qual è – se mai esiste – il criterio con cui definire questo operato? Forse, è impossibile ricavarne una definizione vera e propria. Aggiungiamo, adesso, che tra i grandi azionisti di Pfizer troviamo anche le grandi banche: Bank of America, Deutsche Bank, Morgan Stanley, JP Morgan et al. Se passiamo ad AstraZeneca, il leitmotiv non cambia. BlackRock ne possiede il 7,7%, Wellington il 5,9% e Vanguard il 3,5%, unitamente al solito comparto bancario. E non si può di certo tacere che BlackRock, Vanguard e Wellington hanno solide e cospicue partecipazioni azionarie nella maggior parte delle multinazionali che producono armi, tra le quali possiamo citare Lockheed Martin Corporation, Raytheon RTN, Bae Systems, Northrop Grumman Corporation & Orbital ATK e General Dinamics. Nell'ultima escursione di questa mini-verifica, è doveroso ricordare che l'inarrivabile BlackRock è la maggiore azionista di UniCredit col 5,2% e possiede il 5,7% di MPS, il 5% di Intesa e il 4,8% di Telecom Italia. Ma non mancano poi le partecipazioni in Atlantia, Azimut, Prysmian, Ubi et cetera. Il 'caso volle che', all'epoca degli stress test EBA del 2016 e del 2018, proprio BlackRock e Vanguard fossero le società incaricate della consulenza in materia di vigilanza, cioè le società che avevano – e hanno tuttora – partecipazioni nelle banche da controllare. E non finisce qui. Se consideriamo che Wellington è titolare del 6,1% delle azioni di CERVED Group, la società italiana che valuta il merito creditizio e la classe di rischio delle nostre imprese, mentre Vanguard ha un'esposizione a Piazza Affari per più di 9 miliardi, allora s'impone come preminente il dovere di trovare una 'definizione' per l'operato delle lobby, delle loro estensioni e delle loro combinazioni. La 'definizione', cui s'è fatto cenno in precedenza, non è affatto il capriccio di chi trovi diletto nell'uso del metodo scientifico; non è il diversivo filosofico d'una politica inerme o il tentativo di riscatto d'una comunità religiosa. È, invece, soprattutto, il presupposto di un 'riconoscimento' logico della questione, l'indispensabile premessa epistemologica all'individuazione delle differenze tra il bene e il male, tra ciò che è giusto e ciò che è sbagliato. Non aspiriamo di certo a possedere chissà quale panacea, ma la creazione di un quadro legislativo adeguato deve passare dal riconoscimento, come già detto, concreto e lineare di un fenomeno. Ignorarne alcuni o anche uno di essi vuol dire farsi carico d'una gravissima colpa storica, lasciare che accada tutto e il contrario di tutto. La superficialità con cui, molto di frequente, i governi fingono di non vedere e non sapere è allarmante, tant'è che, a un certo punto, la gente si scandalizza per frasi del genere: "Il titolo della Pfizer ha guadagnato parecchi punti dopo l'annuncio dell'efficacia del vaccino"; frasi usate all'interno di articoli pieni di allusioni e insinuazioni e i cui autori credono di aver fatto chissà quale scoperta, laddove non hanno fatto altro che attestare che il pozzo è umido. Pensiamo forse che i mercati non premino un'azienda farmaceutica che ha appena scoperto un vaccino anti-pandemia?

Purtroppo, non è facile, in un periodo di grande tensione politico-economica e sanitaria, mostrare buona capacità di discernimento, sebbene, nello stesso tempo, non si possano trascurare – ci si conceda l'espressione! – i requisiti di 'onorabilità'. Una decina d'anni fa, la Pfizer fu condannata per aver messo in circolazione in modo illegale dei farmaci; ne uscì quasi indenne pagando una multa di 2,3 miliardi di dollari. 2,3 miliardi di dollari, per una società che ha un fatturato annuo di oltre 50 miliardi e un utile netto di più di 16 miliardi, non rappresentano una multa; si tratta – né più né meno – d'un'imposta sui ricavi. Qualcosa del genere è accaduto, per esempio, alle grandi banche che per anni hanno alterato i tassi d'interesse: hanno subìto delle 'multe', che, naturalmente, a fronte dei profitti, rientrano sempre nel campo dell'imposizione fiscale 'indiretta'. L'espressione si presta alla metafora: è evidente; ma non c'è

I poteri esecutivi, legislativi e giudiziari nulla possono, dunque, liberamente determinare, ove propri di Stati, debitori di quelle istituzioni finanziarie internazionali, e sottoposti, dunque, al "signoraggio bancario", causa spoliazione delle sovranità, innanzitutto di quella finanziaria, e poi, a seguire, delle altre cedute alle istituzioni sovranazionali.

Tali poteri sono legati ai ceppi ricattatori degli *spread*,[186] decisi dalle stesse finanziarie internazionali, e delle varie condizionalità di volta in volta imposte, es., del PNRR, dei fondi strutturali UE, della BCE, etc.

---

spazio per l'ironia di contorno. Di qui, non si può fare a meno di richiamare ancora una volta l'attenzione sul problema della 'definizione'. La relazione di causa ed effetto tra il dolo e la sanzione può essere ridotta unicamente a una stima economica, che peraltro non è mai direttamente proporzionale al danno causato? In una società evoluta può accettarsi una tale distanza tra il giudizio che si emette sull'uomo comune, quello che non ha alcun potere contrattuale, e quello che si emette sulle sovrastrutture economiche del pianeta, non altrimenti che se esistesse una legge extra ordinem? Forse, sarebbe il momento opportuno di tentare la via della risposta. Nel 2000, il Washington Post, nel condurre un'inchiesta sulla Pfizer, portò all'attenzione del grande pubblico proprio il controverso caso d'una grave epidemia in cui l'azienda farmaceutica aveva interpretato un ruolo – a dir poco – spettrale e inquietante. In particolare, i fatti risalgono al 1996, allorché alcuni bambini della città nigeriana di Kano, colpiti da meningiti da meningococco, furono sottoposti a una sperimentazione senza alcun tipo di autorizzazione. In quell'occasione, la sperimentazione passò dalla somministrazione della trovafloxacina, un farmaco sperimentale, per l'appunto, e che, secondo le accuse causò, in alcuni casi, la morte dei malati e, in altri, danni irreparabili.

L'ennesima grossolana – e conclusiva – riflessione che sentiamo l'obbligo di fare non rinvia al senso dello scandalo, giacché, molto probabilmente, la frode non nasce con l'uomo, ma prima dell'uomo. Lo stesso può dirsi per le trame finanziarie. Essa afferisce, invece, alla già rilevata e netta separazione tra lo statuto morale del cittadino e quello dei potentati economici. Il problema – si badi bene! – esiste ed è serio: se è vero e inconfutabile che certi imperi non si possono condannare e far crollare perché il loro crollo genererebbe una tale quantità di sciagure economiche che la società civile si riprenderebbe a fatica – Lehman Brothers docet – è altrettanto vero che un cittadino comune, per errori molto meno determinanti, rischia la disfatta social-giudiziaria. Eppure, oggi, il Covid si è abbattuto 'principalmente' sui cittadini comuni."

186 Dal 2010 a seguito della 'grande crisi' (Great Recession) ha assunto un notevole rilievo lo spread fra i titoli decennali emessi in euro dagli Stati europei, in particolare la differenza fra i Bund tedeschi, considerati come titoli privi di rischio di insolvenza dell'emittente, e i BTP italiani (fig.), i Bonos spagnoli o gli OAT francesi. Gli spread dei titoli italiani e spagnoli hanno subito una brusca impennata a partire dall'inizio dell'estate del 2011.

Da tali poteri statali non è logico, dunque, attendersi ripensamenti o revisioni rispetto al già avviato percorso di ossequio ai desiderata dei poteri finanziari sovranazionali, rappresentati da BigPharma e BigTech. Nè è logico attendersi protezione rispetto alla presente e futura agenda transumanista del Reset diretto dal World Economic Forum.
Serve altro.
Serve una presa di coscienza collettiva della maggioranza della popolazione solidale e unita nel boicottaggio delle presenti e future restrizioni ai diritti e alle libertà.
È perfettamente inutile, dunque, parlare ancora di "sieri" a coloro che, causa estorsione o volontariamente, hanno fatto una scelta.
È umano che per meccanismi psicologici di rimozione o di auto-assoluzione, si preferisca deviare il discorso.
La scelta di autodeterminazione, comunque, è stata già consumata.
Restano, però, tante scelte di libertà e autodeterminazione davanti "grazie" al "catalogo" per la selezione delle "libere intelligenze individuali" propostoci dal Word Economic Forum di Davos (i demoni lavorano per i Santi, diceva il Vangelo gnostico di Filippo).[187]
Rifacciamo un breve elenco non esaustivo delle tante finestre di Overton delle varie accettazioni sociali aperte dai registi del Great Reset (Schwab e dietro il vecchio Attali): dall'accettazione della pedofilia e propaganda nelle scuole del LGBTQr+, al controllo corporeo e mentale per via cibernetica (codice Bluetooth, pass QR vaccinale e ID biometrico), dall'accettazione delle limitazioni alla capacità di riscaldarsi e di muoversi causa un (molto controverso) riscaldamento climatico alla censura e boicottaggio delle libere espressioni non allineate al mainstream mediatico, dalla discriminazione e odio sociale verso i dissidenti (*public-enemies*), all'imposizione di stili di vita (metaverso per abolizione dei viaggi e per il lavoro) e alimentari (vermi e insetti), dal controllo e limitazione della spesa privata con l'eliminazione del contante fino all'abolizione della proprietà privata ("egoistica", cit. Bergoglio), dall'eliminazione della storia e della cultura classica (*cancel*

---

[187] "I santi sono serviti da forze malvagie: queste, infatti, sono accecate dallo Spirito Santo affinché credano di servire uomini, mentre sono all'opera per i santi.", Vangelo di Filippo, 34

culture), alla soppressione delle religioni tradizionali, per una nuova religione (pseudo) ecologista della terra (minuscolo), etc...
Trattasi di un formidabile e molteplice attacco all'indefettibile diritto naturale dell'uomo a esercitare varie libertà. Decliniamo, dunque, le libertà minacciate: dallo scegliere di viaggiare ove si vuole e quanto si vuole, alla scelta sovrana sul proprio corpo e sulla propria mente; dallo scegliere di possedere beni materiali o immateriali (magari per quanto il proprio merito abbia consentito), alla scelta di informarsi su fonti plurali e libere; dalla scelta di gestire la temperatura degli ambienti ove si vive, alla scelta di volere una propria privacy; dalla scelta di nutrirsi per come si ritiene, alla scelta di gestire la propria sessualità secondo le proprie attitudini, educando conseguentemente, per come si ritiene, i propri figli; dalla scelta delle proprie vocazioni e interessi culturali senza cancellazioni di argomenti e personaggi storici, alla scelta di esercitare un culto o una spiritualità antica e tradizionale, etc..
Il *carnet* di libertà sotto attacco, con la complicità dei media mainstream, di *influencer* o politici (camerieri) è, dunque, vasto.
Continuare la strada della polemica sulle scelte terapeutiche, estorte o volontarie, a torto o a ragione, lo dirà la storia e non certo l'attuale cronaca manipolata, rischia di approfondire la divisione voluta da chi aderendo a certe credenze oggi alquanto esibite, ama tutto ciò che separa e distanzia διαβάλλειν – διάβολος, in greco, diavolo).
La scelta fatta spesso inquieta, in profondo, seppure non lo si voglia ammettere. Costoro, medici, giudici (anche della Corte Costituzionale), giornalisti, continueranno, infatti, disperatamente a non volere ascoltare.
Bisogna dunque rispettare la libertà "di non volere sapere". Anche quella, infine, è una "libertà".
Non parlare di sieri ed effetti avversi non è, dunque, solo un fatto di delicatezza umana, è un fatto d'intelligenza.
Perché è oggi più opportuno difendere le altre libertà minacciate mettendo sullo stesso fronte tutti gli uomini di buona volontà, senza divisioni e discriminazioni.

Da lì si può ricostruire, a piccoli passi, un tessuto di convivenza lacerato da chi ha voluto pervicacemente la rottura del patto sociale.

Da lì è possibile iniziare a costruire un nuovo mondo, libero.

UN PENSIERO FINALE AI "BENEFATTORI" DEL WORLD ECONOMIC FORUM: LE RAGIONI DEL LORO FALLIMENTO

I Benefattori vogliono che TU (non loro, umili francescani da sempre che viaggiano in jet privato) "non possieda nulla", e per "questo sarai felice".
Sempre Loro vogliono che tu sia:
- iper-immunizzato da ogni "terribile" pandemia (con eleganti braccia a pois "Davos-style");
- ben nutrito da ecologici e proteici vermi e scarafaggi (magari vivi, come Nicole Kidman nello spot sponsorizzato dal W.E.F.);
- LGBTQ e anal-fluid (cit., Maneskin) con figli transgender o non-binari ("che noia la binary sexuality", cit., i-d.vice.com);
- microchippato e ciberneticamente hackerato, per monitorare la tua salute, si capisce! (cit., Yuval Harari, W.E.F.);
- protetto in confortante "metaverso" per non viaggiare per lavoro o per stressanti vacanze (se viaggi inquini! "Flight shame on you" (cit. Greta Thunberg, W.E.F.).
- privo di autoveicolo privato (egoistico e inquinante) e se, comunque, ne sei in possesso è bene che tu sia tracciato e bloccato con comando a distanza (cit.Biden, dal 2026 obbligatori sulle auto i dispositivi per il blocco da remoto);
- sempre giovane, sano e bello grazie al genetic editing (cit. Klaus Schwab, W.E.F.) tramite trascrizione inversa sul DNA da parte di sieri a MRNA;
- informato gratuitamente a mezzo dell'unica verità possibile (la Loro);
- protetto dalla velenosa disinformazione dei Loro nemici (cit., Klaus Schwab, W.E.F.);
- libero da ridicole superstizioni ("basta con le fake-news sul Cristo o sull'anima!", cit. Yuval Harari, W.E.F.);

- liberato da superfettazioni antiquate e inutili come la filosofia, la storia o la letteratura classica (cit., "cancel culture")
- dotato di poteri magici e sostenibili per pagare con il palmo della mano (guai al contante che contagia) o per accendere il forno a distanza (Internet of Things, I.O.T., cit. Klaus Schwab, W.E.F.).
Benvenuto, dunque, nel "Nuovo Mondo" preparato da Loro, i tuoi Benefattori.
Ecco il nuovo Paradiso, ove potrai essere "solidale e inclusivo", perché sempre connesso agli altri in rete, e "sicuro", perché sorvegliato da satelliti (Internet of Bodies, I.O.B., cit., Elon Musk, W.E.F.). Qui il tempo è diviso in A.G. e D.G. (Avanti Greta e Dopo Greta), ma presto cancelleranno anche quello.

È, certamente, un modo ironico di commentare le inaudite follie illiberali dei nostri giorni.

In tempi di quotidiane distopie transumaniste un bravo e onesto cittadino, ogni mattina si alza, ma a differenza delle gazzelle nella savana, non deve pensare a difendersi dai leoni, ma dallo Stato. O, *rectius*, dalle elites non elette che determinano le scelte pubbliche, spesso a danno spesso dei cittadini.

Arriverà, però, presto il tempo in cui tale arroganza, prima celata dietro le apparenze liberal-democratiche, oggi pubblicamente (impudicamente) esibita nelle auto-celebrazioni di Davos, sarà punita. Ma non per civile consapevolezza, purtroppo, nel breve termine minoritaria, ancorchè cresciuta e, comunque, non espressa in alcuna opposizione parlamentare.

È vero, la gente si rende conto dell'ipocrisia dei sedicenti benefattori. Per l'élite, arrivi con jet ed elicotteri privati, lusso sfrenato, motori endotermici sempre accesi, piatti prelibati e carne di prima scelta, in abbondanza.

Per il popolo, invece: sacrifici, bollette ed inflazione alle stelle, carne sintetica, larve, insetti e per i (piccoli) spostamenti, il motore elettrico.

Oramai anche il main stream tratta l'argomento con un certo fastidio e disgusto e moltissime persone nel mondo hanno acquisito conoscenza e consapevolezza riguardo questi temi.

Il WEF, però, imploderà, anche prima di eventuali rivolte popolari, per la stessa strutturale debolezza di un organismo elitario ove non sono ammessi confronto dialettico, ma solo esternazioni "conformi" alle indicazioni del WEF (rectius, Schwab), pena la *damnatio memoriae* inflitta dal Club di Davos.

I ridicoli "pappagalli" presenti (3.000 nel 2023) e che si alternano sui palchi delle sessioni in inglese, talvolta improbabile, e accenti comunque diversi, ostentano raffazzonati entusiasmi e visioni omogenee sulle varie "crisi", di volta in volta esibite sulla tavolata della comune abbuffata, sostenibile, inclusiva, gender e politicamente corretta (si capisce).

Quella è però la ragione del loro fallimento.

Se è vero che nel gennaio 2023 la *fee* di accesso al congresso WEF di Davos è stata di 250.000 euro[188] a testa, le pretese e ambizioni dei vari gruppi o corporations sono corrispondentemente alti, almeno pari alle spese vive sostenute.

Se come dice Schwab il WEF guiderà il mondo in futuro,[189] alte saranno pure le aspettative verso di esso da parte dei tanti stakeholders privati, provenienti da plurimi settori imprenditoriali e/o finanziari, spesso direttamente, o causa controlli azionari, in competizione tra di loro.

Per non parlare dei variegati interessi delle varie collettività nazionali pur sempre esistenti (anche se farebbero di tutto per abolirle: "imagine there's no country", cantava John Lennon) o degli interessi multinazionali degli Illuminati stessi organizzati in passato in diverse strutture, quali Bilderberg, Trilaterale, Council for Foreign Relations, etc., ed oggi improbabilmente riassunti coralmente a Davos, in compagnia di artisti, politici, cantanti, bloggers, studiosi, etc.

Nessun dubbio che dietro le quinte si svolgano riunioni, ma l'attenzione

---

188 Jamey Keaten, Associated Press, January 18, 2023,
Putin foe Browder slams jacked-up fee to attend Davos event, vedi https://abcnews.go.com/International/wireStory/putin-foe-browder-slams-jacked-fee-attend-davos-96512582

189 "Sono il papa del Nuovo Ordine Mondiale" ha dichiarato Schwab il 18 gennaio 2023 vedi https://newspunch.com/klaus-schwab-i-am-the-new-world-orders-pope/

pubblica, la cacofonia, l'ostentazione buonistica del *taking care* per crisi, spesso, create a tavolino, rendono via via meno credibile la kermesse.

Già i primi scricchioli, si notano nelle voci di dissidi interni alla organizzazione circa la conduzione antidemocratica del loro leader, quanto per i contrasti sorti sulle ipotesi di sostituzione dello stesso.

Si parla, in proposito, di Tony Blair, peraltro, autore di una "sparata" su una "infrastruttura digitale globale di controllo vaccinale" (dunque, già sono pronti nuovi sieri).[190]

Come dice lo psichiatra Alessandro Meluzzi, in una memorabile intervista del 14 gennaio 2023 sul canale "Radio-Radio",

> (...) tali personaggi vogliono ridurci ad un algoritmo completamente controllabile per via tecnologica e noi stiamo dicendo che la fragilità del sistema rende tutti i sistemi iper-pianificati fragili. Loro hanno bisogno di un sistema talmente iper-pianificato che la gente sia disponibile a mangiarsi i grilli e le cavallette che sono nocive, che hanno la chitina, che fanno venire il cancro con la loro merda all'interno. Però la gente è pronta anche a questo, perché loro non sanno che le tecniche di manipolazione consentono di creare un sistema nel quale la verità non conta più nulla. Conta soltanto quello che è il *mainstream* con il suo bombardamento goebbelsiano. Perderanno perché hanno bisogno di una iper-pianificazione che semplicemente non è possibile neanche dal punto di vista logico, neanche dal punto di vista algebrico, neanche dal punto di vista matematico, neanche dal punto di vista statistico, neanche dal punto di vista epidemiologico. Perderanno perché ce lo dice un grande personaggio, Carlo 5° d'Asburgo, l'imperatore sul cui impero non tramontava mai il sole che andava dal Messico e dal Perù fino all'Elba, alla Germania e alla Russia fino ai confini del mondo slavo e che passò gli ultimi anni della sua vita, dopo la guerra dei trent'anni, dopo Wallenstein, tutto il resto, in un monastero in Baviera, dove, avendo lasciato le noie dell'impero a Occidente al figlio Filippo II e al fratello Massimiliano d'Asburgo per la parte germanica, si godeva la vita. Siccome il suo grande divertimento erano gli orologi e ne collezionava una cinquantina meccanici, a molla, a

---

190 fonte: J.Cheng Morris, "Tony Blair calls for digitals libraries to track vaccines", 20.01.223, uk.news.yahoo.com.

pendolo, ad acqua, ad aria, pochi giorni prima di morire disse: "Non sono riuscito a far andare in sincrono neanche 50 orologi, figuriamoci come avrei potuto pensare di far andare insieme in armonia tutti i popoli della terra". "Su questo paradigma, su questo paradosso di Carlo 5° crollerà Schwab, Davos, la Quarta Rivoluzione Industriale. Poiché anche la iper-tecnologizzazione dei loro orologi non garantirà questa sincronizzazione.[191]

---

[191] Radio Radio TV "Meluzzi e il paradosso di Carlo V: il motivo per cui Schwab & co alla fine falliranno", 14 genaio 2023 https://www.youtube.com/watch?v=Qw_7t00j7QM

APPENDICE 1: SGUARDI SUL PRESENTE DISTOPICO: IN DIFESA DEL CONTANTE (E IN OFFESA DI PAYPAL)

Il tema della valuta digitale non è direttamente collegato alle questioni trattate in questo saggio. Eppure, tale "innovazione", sempre attuata con strumenti di intelligenza artificiale, colpisce una primaria libertà dell'uomo, quella di auto-sostentamento vitale a mezzo della remunerazione ottenuta grazie al suo lavoro.

Certamente, l'inaudita accelerazione d'innovazione sociale, spesso e volentieri distopica, registrata in tanti settori, sta seguendo l'ondata "pandemica" degli ultimi anni.

In premessa abbiamo cennato ai tanti stravolgimenti socioculturali ed economici promossi da alcuni leader di Stati notoriamente vicini al World Economic Forum e a Schwab.

Un cambiamento, già iniziato e portato avanti da buona parte delle banche centrali occidentali, è quello del passaggio alla moneta digitale.

Da vari indizi, sopra e di seguito esposti, riteniamo che tale innovazione faccia parte del piano per distruggere la civiltà come la conosciamo, per sostituirla con robot e umanoidi della Quarta Rivoluzione Industriale, che agiscono in base a comandi elettronici generati dall'intelligenza artificiale e sopravvivono grazie a valute digitali programmabili delle banche centrali (DCBC).

Un altro fattore rivoluzionario è l'avvio di sistemi di credito sociale cinese in molti settori del vivere civile, in particolare, mediante il cambiamento e la limitazione dei sistemi di trasporto di persone e merci (con automobili e aerei in particolare) e nel settore dei servizi finanziari.

Esaminiamo ora il primo tema. Poi attenzioneremo un incredibile episodio di censura delle idee (credito sociale sulle opinioni) nel settore finanziario, operato a mezzo del controllo digitale delle persone.

Presto le valute digitali delle banche centrali (CBDC) sostituiranno le valute in contanti. Le CBDC saranno infine programmabili. Potranno essere accese e spente, e programmate per essere utilizzate per determinati acquisti - beni o servizi, sia che si voglia o se ne abbia bisogno o meno. Il comportamento e la obbedienza saranno fondamentali. La moneta digitale è stata appena introdotta in Gran Bretagna.

Sintetizziamo in tre i motivi per cui è fondamentale far sì che il contante non sia soppiantato del tutto dai pagamenti digitali:

1) Il primo motivo, le commissioni bancarie. Costituisce un balzello iniquo, a dir poco odioso, pagare un obolo al sistema bancario ogni volta che si riceve un pagamento tramite Pos. I negozianti, già massacrati dalla crisi degli ultimi anni, subiscono una mini-tassa applicata anche su acquisti di minor conto, come un semplice caffè o un cornetto. Certo le percentuali sono piccole (in media circa lo 0,7% con distinzioni tra carte di debito e PagoBancomat): esse, sommate ad ogni transazione, sottraggono una quantità non irrisoria di denaro, che viene diviso tra la banca che emette la carta, il circuito della carta e lo strumento Pos.

2) Il motivo più importante dell'opposizione ai sistemi digitali è il rischio del controllo. Durante le manifestazioni dei camionisti canadesi contro le disposizioni illiberali di Justin Trudeau, così come nel pieno di alcune proteste a Teheran, in Iran, i governi in un click hanno bloccato i conti correnti dei dissidenti. Hanno, dunque, impedito loro di vivere, muoversi, acquistare cibo e comprare medicinali. Il diritto di manifestare o scioperare è, insomma, stato di fatto abrogato grazie all'alleanza tra potere politico e sistema bancario.

Ne consegue che il contante sia diventato una garanzia sulla propria libertà di espressione. Il pagamento elettronico, ancorché comodo, è pericoloso e vede il cittadino indifeso di fronte alle politiche neoliberali autoritarie. Stiamo andando, insomma, verso la società iper-controllata e monitorata, del "capitalismo della sorveglianza", come predetto da Shoshana Zuboff. È razionale che si corra questo rischio?

3) C'è poi un motivo più culturale: la smaterializzazione. Nell'epoca del Metauniverso e delle relazioni social, potrebbe essere importante porre argine alla dissoluzione della concretezza del vivere. I comportamenti imprudenti e talvolta compulsivi della "passata di carta", sono, secondo

alcuni studi, spesso determinati dalla scarsa contezza del denaro che abbiamo in mano. Il debito, dunque, si accumula e la sua riscossione procrastinata. La perdita della consapevolezza tattile della presenza materiale dei propri soldi potrà solo peggiorare la situazione.
Gli sponsor del pagamento elettronico parlano della necessità di combattere l'evasione. Strangamente tale piglio autorazzista, per cui gli italiani sono ladri ed evasori, non vale, però, per la Germania, ove il tetto al contante è posto a 10.000,00 euro.
Nella visione di certo progressismo d'accatto non esiste alternativa alla digitalizzazione del denaro.

> "Peccato che la correlazione tra contante ed economia sommersa sia ancora tutta da dimostrare e la vera, grande evasione riguarda i grandi capitali e le multinazionali (per non parlare della criminalità organizzata), non i piccoli commercianti".[192]

Nella guerra tra poveri, in atto e futura, tra dipendenti pubblici e lavoratori autonomi, del commercio, etc., gli unici che traggono beneficio sono e rimarranno le banche.
E proprio nel settore dell'intermediazione finanziaria vediamo segnali di assoluta inquietudine per il futuro.
Parliamo ora di PayPal.
Essa nacque nel 1998, per, testualmente, "dare potere alle persone".
Oggi chiude account di individui, gruppi, associazioni, imprenditori, attivisti, accusati di portare avanti idee non allineate al pensiero unico del progressismo globalista.
Mentre scriviamo, chi ha avuto l'ardire di criticare l'obbligo vaccinale, l'invio di armi all'Ucraina, la teoria gender, i lockdown contro il Covid, etc., si è visto recapitare un'e-mail automatica con la quale è stato avvisato che il suo account era chiuso.
Su richiesta di accesso ai documenti che avrebbero motivato la sospensione, costoro si sono visti arrivare un'altra e-mail automatica in cui si dice: "hai

---

[192] M. Brandi, Perché difendere il contante, https://t.me/guerrieriperlalibertà, 2022

bisogno di un avvocato."[193] Oggi PayPal si è trasformata in un fulcro del sistema di credito sociale, un sistema nel quale l'accesso al credito viene garantito in funzione dell'allineamento ai paradigmi ideologici ufficiali.

Oggi capita che normali cittadini inizino la loro giornata lavorativa trovando un messaggio sconcertante dal loro sistema di pagamenti che dice: "Non puoi più fare affari con PayPal".

Spiegazioni nessuna.

Gli viene semplicemente comunicato, tramite un'e-mail del dipartimento di rischio e conformità di PayPal, che "dopo una revisione interna abbiamo deciso di limitare in modo permanente il tuo account in quanto si è verificato un cambiamento nel tuo modello di business o il tuo modello di business è stato considerato rischioso". In caso di dubbi, l'e-mail aggiunge: "Non sarai in grado di condurre ulteriori affari utilizzando PayPal". Quindi, continua: "Se disponi di fondi nel tuo saldo PayPal, li tratterremo per un massimo di 180 giorni. Dopo tale periodo, ti invieremo un'e-mail con le informazioni su come accedere ai tuoi fondi."

Se sei uno dei fortunati e il tuo account è stato appena sospeso, puoi rivolgerti al servizio clienti, spiegare la tua situazione e sperare che qualcuno ti risponda. Se sei stato bannato, avrai bisogno di un avvocato per presentare una citazione in giudizio e ottenere i documenti PayPal interni, semplicemente per sapere perché sei stato bannato. (Buona fortuna per farti togliere il ban.).

Ironia della sorte, coloro che sono incappati in queste vicissitudini sono spesso attivisti, piccoli imprenditori, scrittori, accademici: insomma, le stesse categorie sociali che, nella sua missione originaria, la compagnia avrebbe dovuto sostenere "democratizzando i servizi finanziari".

Le persone che hanno fondato PayPal, la cosiddetta PayPal Mafia, includono Peter Thiel, Elon Musk, David Sacks e Max Levchin. Tutti apparentemente campioni della libertà di espressione.

Tutti si sono detti sgomentati per ciò che sta accadendo all'azienda che hanno contribuito a creare.[194]

---

193 R. Subramanya, What the Hell Happened to PayPal?, The Free Press, 13 dicembre,2022
194 Nel giugno 2021, la Electronic Frontier Foundation e altri gruppi per le libertà civili

"Se i tuoi soldi online sono congelati, è come distruggere economicamente una persona, limitando la sua capacità di esercitare la sua voce politica", dice, intervistato, Thiel. "In questa distruzione economica delle persone c'è qualcosa che ricorda molto uno stato totalitario."[195]

All'inizio PayPal, nel dicembre 1998, consentiva di eludere le ingenti commissioni addebitate dalle società di carte di credito e le politiche inflazionistiche dei governi. Tale sistema era particolarmente popolare tra gli utenti di eBay.

"PayPal darà ai cittadini di tutto il mondo un controllo più diretto sulle loro valute di quanto non abbiano mai avuto prima", disse Thiel in una riunione aziendale alla fine del 1999. "Sarà quasi impossibile per i governi corrotti rubare ricchezza alla loro gente con i loro vecchi mezzi, perché, se ci provano, le persone passeranno a dollari, sterline o yen, in effetti, scaricando la valuta locale senza valore per qualcosa di più sicuro".[196]

Il cinquantotto percento degli americani utilizza PayPal e nel 2021 ci sono state 19,3 miliardi di transazioni PayPal. Ora ha una valutazione di mercato di $ 84 miliardi.

Ma l'azienda che doveva liberare innumerevoli individui sta diventando un agente di polizia.

"Sta decidendo cosa è giusto e sbagliato, chi merita di essere ascoltato e chi di essere messo a tacere. Sta chiudendo fuori dal sistema finanziario quelle persone o marchi che sono scivolati fuori dai parametri del discorso accettabile, quelli che minacciano il consenso dei guardiani. Il consenso è difficile da articolare: è un'ideologia priva di contorni ideologici chiaramente definiti. Ma i principi di quel consenso sono inequivocabili: la nuova politica progressista su razza e genere è una forza positiva, il blocco del Covid è stato giusto, la guerra in Ucraina è nobile e uno scambio

---

protestato con PayPal, invitandola ad aprirsi. Finora non lo ha fatto, ha affermato Aaron Terr, direttore della difesa pubblica presso la Foundation for Individual Rights and Expression.
195 R. Subramanya, ibidem
196 R. Subramanya,, ibidem

illimitato di idee e opinioni è una minaccia inaccettabile per tutto quanto qui sopra."[197]

Per la sua esplosiva delicatezza, riportiamo di seguito il report dei casi singoli e le interviste dall'articolo "What the Hell Happened to PayPal?", pubblicato su The Free Press:

> "Una delle persone che apparentemente rappresentava una minaccia inaccettabile era Eric Finman.
>
> Il 18 luglio 2021, Finman, 24 anni, investitore e imprenditore di Bitcoin, si è svegliato per apprendere che PayPal aveva dichiarato guerra alla startup che aveva lanciato quattro giorni prima. L'idea della startup di Finman, Freedom Phone, fondamentalmente un Android modificato con sopra una bandiera americana, era di dare alle persone l'accesso a qualsiasi app volessero. L'App Store di Apple vieta spesso app come Metadata+, che avvisa gli utenti ogni qualvolta gli Stati Uniti effettuano un attacco con droni in Pakistan, Yemen e Somalia. Al contrario, l'app store di Freedom Phone consente a chiunque di scaricare qualsiasi cosa.
>
> Ciò include Parler, la piattaforma di social media di estrema destra, che l'App Store ha temporaneamente sospeso, e Twitter, che l'App Store ha recentemente minacciato di bannare.
>
> Apparentemente, questi propositi non andavano bene a PayPal, che ha bannato Freedom Phone in modo permanente dall'app. (Ciò è avvenuto pochi giorni dopo che Shopify e
>
> Amazon Pay avevano preso la stessa decisione.) "È come se mi fosse caduto completamente lo stomaco", mi ha scritto Finman in un messaggio. Per aggiungere la beffa al danno, PayPal ha trattenuto 1,2 milioni di dollari in pagamenti alla società di Finman. Alla fine, Finman ha riavuto indietro i suoi soldi, ma il ritardo, ha detto, "ha ucciso tutto lo slancio
> del momento".
>
> Oppure prendiamo Colin Wright.
>
> Il biologo evoluzionista ha ricevuto il suo dottorato di ricerca dalla UC Santa Barbara nel 2018 e scrive in modo critico sull'ideologia di genere. A giugno è stato espulso da PayPal e, subito dopo, da Etsy, dove vendeva magliette e tazze per promuovere la sua newsletter.

---

197 R. Subramanya, ibidem

PayPal ha detto a Wright che, se voleva conoscere i motivi per cui era stato sospeso, "un avvocato o un agente delle forze dell'ordine deve presentare una citazione legale".

"Molti attivisti hanno cercato di cancellarmi, e questo solo perché parlo molto del dibattito su sesso e genere", mi ha detto Wright. Dal momento che questi attivisti, ha detto Wright, "non hanno davvero una buona risposta, cercano solo di fare in modo che chiunque abbia buoni argomenti non sia in grado di guadagnarsi da vivere parlandone".

Poi c'è il giornalista britannico Toby Young.

Young è il fondatore della Free Speech Union, un gruppo di difesa, e il redattore capo del Daily Skeptic, che ha messo in dubbio l'efficacia dei vaccini Covid. Il 15 settembre 2022, PayPal ha informato Young che il suo account personale era stato sospeso. Pochi minuti dopo, ha appreso che anche l'account del Daily Skeptic era stato chiuso. Pochi minuti dopo, ha appreso che l'account del Free Speech Union era defunto. In meno di mezz'ora

era stato tagliato fuori dal mondo dei servizi finanziari.

"Sono rimasto sconvolto quando ho scoperto che PayPal aveva sospeso i miei account", mi ha detto Young. "Il sistema autoritario di credito sociale sviluppato in Cina viene ora implementato in Occidente, tranne per il fatto che invece di essere imposto dal Partito Comunista Cinese, il rispetto ideologico è controllato da una società capitalista woke".

Altri account PayPal sospesi di recente includono Gays Against Groomers, che si oppone alla "sessualizzazione, l'indottrinamento e alla medicalizzazione" dei bambini; e UsForTheme Law or Fiction, entrambi gruppi con sede nel Regno Unito, che si sono opposti alla risposta pandemica del governo britannico, inclusa la chiusura delle scuole e l'obbligo di mascherina. PayPal ha anche sospeso gli account del sito anti-establishment ConsortiumNews, che ha criticato il coinvolgimento degli Stati Uniti nella guerra in Ucraina; e diversi attivisti dell'alt-right e Stop the Steal.

E dopo essere stato escluso, non è facile riconquistare i clienti persi. Wright ha affermato che ci vogliono anni per ricostruire una base di pubblico (le persone che fanno clic sulla casella di pagamento ricorrente sul tuo account PayPal). "Quando PayPal lo cancella, non è che posso semplicemente trasferire quelle 200 persone a un altro elaboratore di pagamenti", mi ha scritto in un messaggio. "Quei clienti sono persi definitivamente. Forse posso inviare a tutti loro un'e-mail e chiedere loro di registrarsi altrove, ma ci sarà comunque una perdita significativa, perché le persone devono tirare fuori di nuovo le loro carte di credito su un sistema completamente nuovo.

Nessuno al di fuori di PayPal sa veramente come funziona questo processo. Non c'è un chiaro rapporto di causa-effetto. Lo scenario più probabile prevede che un utente pubblichi qualcosa ritenuto problematico su una piattaforma di social media e un attivista o un

dipendente PayPal lo segnali e quindi, senza preavviso, PayPal chiuda l'account.

Quando ho chiesto a un portavoce di PayPal la politica di sospensione dell'azienda, mi ha inviato un'e-mail: "PayPal ha e continuerà a consentire la libertà di parola e di espressione, proteggendo adeguatamente i nostri clienti e la piattaforma da frodi, contraffazioni e altre attività illecite".

Per assicurarsi che nessuno degli "hater" passi attraverso il filtro, PayPal collabora con l'Anti-Defamation League (ADL) e il Southern Poverty Law Center, che ha etichettato come il Family Research Council, un gruppo di attivisti conservatori, come "estremo"; Charles Murray, uno scienziato politico noto per essere coautore del controverso libro del 1994 The Bell Curve, e Ayaan Hirsi Ali, una critica somala dell'Islam e sostenitrice dei diritti delle donne, tra molte altre.

La collaborazione presenta un'iniziativa di ricerca che esamina come gli estremisti negli Stati Uniti utilizzano le piattaforme finanziarie per finanziare le loro attività; i risultati devono essere diffusi in tutto il settore dei servizi finanziari e condivisi con i responsabili politici e le forze dell'ordine. I gruppi per le libertà civili denunciano la mancanza di trasparenza. "Questa mancanza di un giusto processo ha un impatto sproporzionato sulle comunità emarginate, comprese le persone di color e le minoranze religiose", ha affermato la lettera della Electronic Frontier Foundation, indirizzata al CEO di PayPal Dan Schulman e ad altri dirigenti di PayPal.

A peggiorare le cose c'è la Norma di utilizzo accettabile recentemente aggiornata da PayPal, che spiana la strada a ulteriori sospensioni, divieti e multe. La norma, pubblicata a ottobre, proibisce tutte le attività "discutibili", avvertendo che i trasgressori rischiano una sanzione di $ 2.500. Come per PayPal e la guerra all'"odio" dell'ADL, c'è ben poca chiarezza. Chiunque la cui politica, lingua o tono offenda i poteri costituiti può essere etichettato come "discutibile".

David Marcus, ex presidente di PayPal, ha twittato che la nuova politica "va contro tutto ciò in cui credo. Una società privata ora può decidere di prendersi i tuoi soldi se dici qualcosa con cui non è d'accordo. Follia." Elon Musk ha risposto: "Concordo".

Infine, c'è Dan Schulman (manifesto del capitalismo degli stakeholder), che è CEO dal 2014.

Nel gennaio di quest'anno, Schulman, mentre parlava al World Economic Forum, era confuso quando si trattava di definire i confini della libertà di espressione. "La parte difficile è identificare cos'è l'odio e cos'è la libertà di parola", ha detto Schulman. "Nessuno te lo insegna."

Schulman, come ha affermato un insider della Silicon Valley, era un membro della "classe manageriale professionale": credenziali impeccabili (Middlebury, Harvard MBA), anni di esperienza in società quotate in borsa (American Express, Sprint, AT&T) e tonnellate di riconoscimenti (il premio Frederick Douglass della New York Urban League, il premio Ripple of Hope per i diritti umani di Robert F. Kennedy, l'elenco Fortune dei più grandi leader del mondo e i 100 migliori creativi di Fast Company, tra gli altri). "L'amministratore delegato ha ricevuto come tutti i premi che puoi vincere", mi ha detto David Sacks, il primo direttore operativo dell'azienda, riferendosi a Schulman. "È una relazione simbiotica: implementa la loro agenda e, in cambio, gli danno dei premi, e questo favorisce l'avanzamento verso il totem aziendale del capitalismo woke".

Ma la domanda è: come è potuto succedere?

Come ha fatto PayPal, nato nella fertile mezzaluna dell'innovazione, la vecchia Silicon Valley del web 1.0, a diventare . . . questo? In che modo questa società, che si occupava

esclusivamente di liberare l'individuo, è diventata un pilastro del nostro emergente sistema di credito sociale?

Eric Jackson, che all'inizio era vicepresidente ad interim del marketing statunitense, ha dichiarato: "La visione fondante di PayPal era quella di responsabilizzare le persone e dare loro maggiore controllo e libertà. L'azienda oggi è lontanissima da quella visione fondante. È chiaro che considera come suo ruolo moderare ciò che le persone possono pensare, dire e fare. È completamente in contrasto con la visione che Peter Thiel e Max Levchin hanno creato per l'azienda. Avendo fatto parte del vecchio team PayPal, ciò mi rende davvero triste. Perché noi stavamo cercando di

costruire qualcosa che aumentasse la libertà e proteggesse le persone. Ora, stiamo vedendo le persone agire in modo diametralmente opposto a quello". Jimmy Soni, l'autore di The Founders: The Story of PayPal and the Entrepreneurs Who Shaped Silicon Valley, mi ha scritto che sì, la visione di PayPal era "improntata al libertarismo", ma nei primi anni 2000, durante il crollo della bolla delle dot-com, "l'obiettivo
era semplicemente mantenerlo in vita, soprattutto perché tante altre start-up stavano fallendo nel '00 e nel '01".
Il primo punto di svolta – concorda la vecchia guardia – fu l'11 settembre 2001 e la risposta del governo federale agli attacchi terroristici, compresa l'adozione del Patriot Act. Tra le altre cose, il Patriot Act imponeva severi controlli sui flussi di denaro in entrata e in uscita dagli Stati Uniti. "Ovviamente aveva un senso garantire che Osama bin Laden non venisse autorizzato ad aprire un conto PayPal", ha detto Jackson. Poi è arrivata l'acquisizione di PayPal da parte di Ebay, nel 2002, per 1,5 miliardi di dollari. Il giorno dell'acquisizione, l'8 luglio, PayPal ha annunciato che avrebbe interrotto l'elaborazione dei pagamenti per i siti di scommesse sportive. L'azienda ha inoltre scelto di non mantenere nessuno dei fondatori. Il messaggio era chiaro: stiamo rompendo con il passato. D'ora innanzi, saremo un'azienda diversa.
Il successivo punto di svolta è arrivato nel dicembre 2010, trattavasi di WikiLeaks. Dopo essere stato messo sotto pressione da funzionari statunitensi, PayPal ha sospeso l'account del gruppo di attivisti che ha rilasciato milioni di documenti riservati, con informazioni, tra le altre cose, sulle guerre in Afghanistan e Iraq, sulla sorveglianza della CIA e sul Comitato Nazionale Democratico. Thom Bradford, un ex ingegnere presso l'ufficio berlinese di PayPal, ha dichiarato: "Quando lavoravo lì ero abbastanza ingenuo da credere che la faccenda di Wikileaks fosse solo un incidente bizzarro e isolato che fecero perché erano sotto pressione da parte del governo e non volevano essere sottoposti a una regolamentazione pesante. Ma ora sembra che ne traggano piacere".
Ma è stato con l'estate del 2020 – l'estate dei lockdown per il Covid, delle manifestazioni del Black Lives Matter, delle città in fiamme, delle elezioni presidenziali, che i contorni della nuova autorità di controllo sono stati messi a fuoco. Non era un complotto. I funzionari democratici non erano collusi con gli amministratori delegati delle società Fortune 500 e proprietari di giornali tradizionali e reti via cavo, capi studio e rettori

universitari. È che, nel giro di pochi mesi, forse un anno, avevano tutti abbracciato lo stesso identitarismo di sinistra, gli stessi slogan, gli stessi hashtag e pronomi, le stesse statistiche, gli stessi punti di discussione. Si sono rafforzati a vicenda e hanno reso estremamente difficile per chiunque sfidare la nuova ortodossia.

Il sistema di credito sociale, che non era un sistema o una rete formale, ma una costellazione vagamente infarcita di marchi, organizzazioni e istituzioni influenti, puniva coloro che non si attenevano alla linea non ufficiale del partito e premiava coloro che applaudivano più forte. Aveva una somiglianza familiare con il molto più consolidato sistema di credito sociale in Cina, che era un'estensione del sistema di credito finanziario del paese e aveva lo scopo di valutare "l'affidabilità" delle imprese e degli individui, il che suonava ragionevole quando si trattava di fatti contro la disinformazione, un po' meno quando si tratta di opinioni: la politica.

Riferendosi al Partito Comunista Cinese, Kara Frederick, che in precedenza guidava il Global Counterterrorism Analysis Program di Facebook, ha detto: "Ho iniziato a notare somiglianze sconcertanti in ciò che il potere centralizzato consolidato del PCC stava facendo sulla sua popolazione interna, e quello che questa combinazione e simbiosi di potere aziendale, sotto forma di big tech e governo federale, sta francamente cercando di fare con specifici cittadini americani.Frederick ha ricordato, ad esempio, il procuratore distrettuale di Manhattan Cy Vance, Jr., che ha applaudito alla nuova partnership tra PayPal e ADL. Oppure Jen Psaki, l'allora portavoce del presidente Joe Biden, che il 15 luglio 2021 annunciava che la Casa Bianca aveva identificato i post di Facebook "problematici" che diffondono "disinformazione" e che si aspettava che il sito di social media li bannasse.

Se hai protestato contro lo status quo, se eri un camionista a Ottawa all'inizio del 2022, arrabbiato per gli obblighi vaccinali nel paese, se eri contrario al definanziamento della polizia, se eri contrario alla teoria critica della razza, che cerca di infiltrarsi nella classe del tuo bambino di sei anni, se hai messo in dubbio la saggezza di esporre i bambini a spettacoli di drag, se credevi nel diritto di tutti di discutere apertamente su tutto quanto sopra, facevi parte, stranamente, di una classe sospetta. Eri, sempre più, a rischio di essere bannato dalla piattaforma o sottoposto ad altre forme di restrizioni. "Quello che succede è che queste aziende prima creano il meccanismo di rimozione dalle piattaforme, sospensione, moderazione dell'account. Inizialmente, viene utilizzato per motivi legittimi, ma poi quello che succede è che viene usato arbitrariamente per motivi politici", mi ha detto David Sacks. Questa è stata certamente l'esperienza di Eric Finman.

Ha capito che il marchio di Freedom Phone non coincideva con il nuovo consenso aziendale. Il suo approccio laissez-faire, il suo abbraccio alla "libertà" non era in linea con l'etica dell'annullamento, la politica pro-equità-pro-lockdown-pro-Ucraina. Ma ancora. Si definiva un "democratico moderato". Era contrario a dire alla gente cosa potevano dire, leggere o scaricare. "Se banni persone della Chapo Trap House a sinistra, quelle finiscono per entrare nelle loro chat di gruppo", ha detto. "Se escludi le persone di Q a destra, quelle finiscono per entrare nelle loro chat di gruppo. In entrambi i casi, si creano bolle senza contraddittorio. Dobbiamo essere in grado di parlarci e metterci l'uno contro l'altro".

Matt Kibbe, il presidente di Free the People, che produce documentari e podcast che promuovono il libertarismo, ha aggiunto: "Questi sistemi di credito sociale non si impongono dall'oggi al domani: vengono implementati goccia a goccia".

La rivolta contro la macchina è iniziata, ma è più che altro un movimento di base dal basso verso l'alto.

Dopo essere stato chiuso, Toby Young, a Londra, ha chiamato l'assistenza clienti di PayPal per presentare ricorso contro la sospensione. Quando il suo appello è stato respinto, ha scritto una lettera ai funzionari britannici chiedendo loro di adottare una legislazione che impedisca alle banche e alle piattaforme di pagamento di discriminare gli utenti con opinioni che disapprovano. La lettera ha ottenuto il sostegno di 42 membri della Camera dei Comuni e della Camera dei Lord. "Perché queste grandi società con sede all'estero pensano di poter intervenire attivamente nei dibattiti pubblici nel Regno Unito?", ha detto Young. Poco dopo il rilascio della lettera, tutti e tre i conti PayPal di Young sono stati ripristinati. Ma la vera rivolta, se deve essercene una, è più probabile che provenga dall'interno della tecnocrazia: le persone con i soldi e il potere per forzare un ripensamento profondo di un sistema che sembra progettato per mantenere la grande massa ondeggiante di utenti distratti e divisi.

Qualche giorno fa ho inviato un'e-mail a Elon Musk. "Sei preoccupato che una società che hai contribuito a fondare, PayPal, faccia ora parte di un sistema di credito sociale privato emergente?" gli ho scritto. "E l'acquisto di Twitter è, in parte, uno sforzo per compiere la missione che PayPal sembra aver abbandonato?"

> Ritenevo improbabile che mi rispondesse. Era impegnato a reinventare la sua nuova società di social media, a lanciare razzi nello spazio, a ribaltare l'industria dei veicoli elettrici, a trollare AOC. Ma un'ora dopo, alle 18:55, ora di New York, è comparsa un'e-mail nella mia casella di posta. Dal nuovo proprietario di Twitter.
> Con un'unica parola: "Sicuramente!"

Se è vero che, con la sua tecnologia Neuralink (internet of bodies), Elon Musk potrebbe rappresentare una seria minaccia alle libertà umane, sembrerebbe che nella vicenda PayPal abbia cambiato idea.

Mentre scriviamo, 26 dicembre 2022, Elon Musk, nella qualità di patron di Twitter, ha dichiarato in una conferenza online che: "A essere sincero quasi tutte le teorie cospirative della gente su Twitter si sono rivelate vere" e che la stessa Twitter sarebbe stata un "FBI Intel Op" (operazione di intelligence del FBI).

Vedremo in futuro se questa nuova attenzione per la libertà d'espressione sarà sincera da parte del titolare di Neuralink.

APPENDICE 2 - SGUARDI SUL PRESENTE DISTOPICO: MANIPOLAZIONE CLIMATICA E MEDIATICA

È tutto manipolato.

Una delle conseguenze della recente crisi pandemica e degli effetti delle campagne vaccinali, più o meno coatte a seconda dei paesi, è stata quella di una improvvisa ed estesa presa di coscienza critica da parte di decine, forse, centinaia di milioni di abitanti del pianeta.

Che si tratti di minacce mediatiche di crisi di tipo energetico o alimentare o di un crollo industriale, piuttosto che d'interruzioni delle catene di approvvigionamento, di attacchi informatici, o blackout, o iperinflazione, etc. è diffusa la consapevolezza della falsità e, comunque, della manipolazione delle minacce e delle comunicazioni mediatiche connesse.

La notizia, in qualunque contenitore diffusa, è ormai adibita a strumento di minaccia o di terrore (come la tragica esperienza info-pandemica insegna) o di propaganda ottusamente ideologica.

Per questo i cittadini più dotati di senso critico stanno abbandonando i media mainstream. E più questo esodo avanza più i governi e, ora la Commissione Europea, attuano politiche "contro la disinformazione e le fake-news". Politiche che, tradotte in termini finanziari, significano ingenti finanziamenti ad agenzie di debunkers pronti a diffamare tutti coloro che non si allineano al pensiero unico o a nascondere e/o alterare anche le più cristalline evidenze.

Una delle manipolazioni ormai più evidenti alle collettività è quella sul cosiddetto cambiamento climatico.

Al di là della ossessiva propaganda sulle fallimentari autovetture a trazione elettrica utili a bloccare il cambiamento climatico (la produzione delle batterie, però, inquina quanto e più di quella per le auto a motore a scoppio), la gente comune non può non registrare il divario tra il fantomatico strombazzato aumento globale delle temperature e i recenti record di freddo in Antartide e nel continente nord-americano, registrati, rispettivamente, tra l'estate e l'inverno 2022. Per questo i più smaliziati non possono non notare anche la differenza tra le temperature registrate al suolo dalle stazioni metereologhe e quelle, invece, registrate "da satellite" dalla Nasa (per tacere dell'assurdità di una rilevazione meteorologica fatta nel vuoto spaziale da satelliti all'altezza minima, cosiddetta "orbita bassa", variante tra i 300 km e i 2.000 km di altitudine).[198]

Con sgomento il cittadino "pensante", poi, non può non ricordare gli appelli fatti da anni dai metereologi per il "ritorno alla ragione", se non "ai dati", rispetto alla propaganda.

Tali appelli sono stati nascosti dai media, magari per lasciare spazio alle solite esternazioni della giovane studentessa Greta Thunberg.

Una prima dichiarazione firmata da 500 scienziati, specialisti nella metereologia, è stata accolta dall'indifferenza delle istituzioni e dei media mainstream. Essi nel 2019 indirizzarono al segretario generale dell'Onu Guterres una lettera contro l'allarmismo climatico.[199] Altre uguali lettere furono inviate ai vari Capi di Stato, Mattarella e Papa Bergoglio compresi.

Questi ultimi, troppo presi nel ricevere e commendare la diva, studentessa pluri-bocciata delle medie svedesi, Greta Thunberg, non hanno evidentemente avuto il tempo di leggere e, tanto meno, di riscontrare, in quasi quattro anni tale autorevole appello.

Di recente una nuova dichiarazione pubblica di 1.200 scienziati specialisti della materia (la World Climate Declaration promossa dal Global Climate Intelligence Group) è stata accolta non più dal silenzio dei media, per come fatto in passato, ma dalla muraglia di "fact cheekers"[200], recentemente messa in opera per l'operazione covid-19.[201] Tra i tanti *debunkers*, il sito europeo

---

198 https://www.focus.it/scienza/spazio/a-che-altezza-arrivano-i-satelliti
199 Si veda F.Punzi, Chi sono e cosa dicono i 500 scienziati poco filo-Greta che scrivono all'Onu: non c'è emergenza climatica su Startmag, 24.09.20219, https://www.startmag.it/energia/500-scienziati-greta-clima-onu-emergenza-climatica/
200 Uno dei primi esempi di debunking sul tema è quello messo in atto da Next sito militante di fact-cheeking con l'articolo di denigrazione pseudo-scientifica a firma di tale Giovanni Drogo. Si veda G. Drogo, Antonino Zichichi e l'assurda battaglia dei 500 scienziati contro Greta Thunberg, su Next, 30 Settembre 2019.
201 "Il catastrofismo e l'appello sul Clima, e in particolare la presunta influenza dell'azione dell'uomo sui cambiamenti climatici e sul riscaldamento globale, sono confutati da un'altra parte di scienziati. Secondo questi ultimi i cambiamenti climatici farebbero semplicemente parte di un ciclo naturale, come è già accaduto più volte nel corso della storia della Terra.

euronews.com, finanziato con soldi pubblici, si è distinto in attività di controinformazione e discredito delle tesi dei metereologi, contrapponendo ai loro dati la fonte sacramentale e indiscutibile della Nasa (con i suddetti dati "da satellite").[202]

Detto a mò di sfogo, a chi scrive risulta nauseante tale atteggiamento dei "media": mai si è visto un tale livello di prostrazione acritica e supina, un

---

Tra i sostenitori di quest'ultima teoria vi è Uberto Crescenti, Professore Emerito di Geologia Applicata dell'Università G. d'Annunzio, il quale è intervenuto proprio in merito all'incontro di ieri, inviando un messaggio alla Segreteria del Presidente Mattarella. "Faccio seguito al mio messaggio inviato il 6 settembre scorso all'onorevole Presidente e ad altri precedenti in cui, a nome del Comitato Promotore della petizione sul clima divenuta petizione mondiale con l'adesione di oltre 1200 scienziati di tutto il mondo, in cui si chiedeva di esser ricevuti per illustrare meglio il tema sul riscaldamento globale, senza però avere l'onore di essere ricevuti". "Al contrario – scrive ancora Crescenti – il Presidente Mattarella ricevette a suo tempo l'attivista Greta Thamberg ed ora ha ricevuto i promotori di una Petizione che non hanno accettato di incontrarsi per un dibattito scientifico sul tema. La presenza del premio Nobel Parisi, illustre scienziato in Fisica che onora la nostra Nazione, è davvero inqualificabile in quanto Parisi non ha una conoscenza approfondita sul tema clima. E' solo pubblicità di una ideologia perversa, che andrebbe combattuta scientificamente. In questo modo il Presidente Mattarella si schiera a favore dei catatrofisti solo per motivi politici, senza dare voce a coloro che sono anticatastrofisti su solide basi scientifiche". Le richieste di Crescenti: "Sarebbe opportuno una convocazione del Presidente per un dibattito aperto tra catastrofisti e scettici (anticatastrofisti). Questo chiedo umilmente affinché la verità scientifica, non ideologica e politica, possa avere la possibilità di emergere attraverso un serrato dibattito onde evitare programmi di difesa dal clima che non hanno nessuna possibilità di successo, ma comportano pesanti oneri al nostro Paese. Al contrario sarebbe opportuno destinare queste risorse per mitigare i veri pericoli alla pubblica incolumità, che sono il dissesto idrogeologico (frane ed alluvioni) e il rischio sismico", conclude Crescenti. Lo stesso Parisi, nel corso dell'incontro con Mattarella, ha dichiarato : "Non sono particolarmente competente, capisco le tematiche ma non sono uno specialista del settore". "Allora perché ha aderito alla iniziativa dei catastrofisti? Solo su base ideologica e politica", si chiede infine Uberto Crescenti.", tratto da M.Sangermano, Mattarella incontra scienziati per appello sul clima: "appoggia i catastrofisti ma non da voce agli scettici"

29.11.2022, https://www.meteoweb.eu/2022/09/mattarella-incontra- scienziati-appello-clima-castrafisti/1001154968

202 Si veda a firma di The Cube, Fact check: Did 1,200 climate experts sign 'declaration' denying climate emergency?, su Euronews, del 16.090.2022: spesso gli articoli di debunking non sono firmati da giornalisti ma da società di comodo (la vergogna sarebbe troppa)

tale appiattimento retorico e ideologico alle veline "copia-incolla" delle agenzie internazionali, sempre uguali in ogni paese.

I "pennivendoli", come li chiamava qualcuno, hanno venduto dignità e professionalità alle ragioni (in denaro) delle elites multinazionali, per come in ogni paese rappresentate (previ ingenti compensi) dalle agenzie di *fact-cheekers*.

Il finto neo-ecologismo prezzolato di tali nuovi prostituti della comunicazione è tanto ammorbante da rendere pressoché insopportabile l'ecologia, quella vera e sacrosanta, ai veri militanti delle lotte degli anni 80 e 90 (quando l'ecologia era meno *trendy* rispetto ai voleri delle elites).

In questo sconvolgimento di ruoli e vite, alcuni hanno poi, finalmente, intuito la drammatica verità: il cambiamento climatico" è indotto, veramente, dall'uomo. Ma non come i media dicono...

MANIPOLAZIONE CLIMATICA OPERATA DALL'UOMO (MA NON COME DICONO I MEDIA MAINSTREAM)

Sì, il cambiamento climatico è indotto dall'uomo, ma non a causa dell'estrema sete di combustibili fossili e delle emissioni di CO_2 della nostra civiltà, bensì a causa della geoingegneria meteorologica, altamente sofisticata, praticata dai c.d. *deep-state* dei vari Stati servi delle elites.

Le estati calde e secche da record del Nord del mondo, i gravissimi uragani e le conseguenti inondazioni, comprese le estese e disastrose piogge monsoniche in alcuni paesi, spesso sono seguiti da inverni freddi al nord potenzialmente letali.

E gli estremi climatici (-50 e -60 gradi) registrati, mentre scriviamo, negli Stati Uniti nell'inverno 2022, ne sono la tragica conferma.

La Terra, *rectius* l'essere vivente Gaia per dirlo alla Lovelock e come i Greci, fatalmente e imponderabilmente continua ad attuare meccanismi di compensazione meteorologica. Ovvero, se al sud Europa si registrano +48 gradi, in Svezia si vivono estati piovose e da dimenticare.

Andiamo all'attualità.

In ossequio alla narrativa mainstream sulla scarsità di energia, in questo e nei prossimi inverni le temperature interne dovranno essere mantenute intorno ai

19 gradi o altrimenti. I trasgressori sono stati avvertiti da molti governi europei che saranno puniti severamente.

Chi controlla il clima controlla il popolo - disse il presidente Lyndon Johnson già nel 1962.

Un documento del Pentagono "AF 2025" pubblicato di recente mira al 2025 per il controllo totale del tempo atmosferico, in tutto il mondo.[203]

Ci sono molte prove che stiamo vivendo una geoingegneria armata, i cui effetti possono essere letali quanto una guerra nucleare.

Non è più un segreto o una forma di complottismo che tali tecniche di geoingegneria sono regolarmente attuate (e ormai ammesse[204]) a mezzo di scie chimiche emesse da aerei.[205]

---

[203] Il documento del Pentagono US Air Force document AF 2025 Final Report nel titolo recita: "Weather as a Force Multiplier: Owning the Weather in 2025, A Research Paper Presented To Air Force 2025 by Col Tamzy J. House,   Lt Col James B. Near, Jr., LTC William B. Shields (USA), Maj Ronald J. Celentano, Maj David M. Husband, Maj Ann E. Mercer, Maj James E. Pugh, August 1996. Il documento è reperibile su https://apps.dtic.mil/dtic/tr/fulltext/u2/a333462.pdf

[204] Si veda l'intervista a Linda Zou, professoressa di civil and environmental engineering, Khalifa University of Science and Technology, "Scientists advance cloud-seeding capabilities with nanotechnology. A decades old idea, with today's innovation, might be the answer to help drought-stricken countries and to fight climate change", del 28 Marzo 2022 sul MIT Technology Review. Nell'articolo la suddetta ricercatrice parla di nanotecnologie già esistenti e utilizzate di materiali per l'inseminazione "cloud-seeding materials" nelle nuvole. Tali nanotecnologie sono basate su "porous nanocomposite of 3D reduced graphite oxide and silica dioxide nanoparticles". Anche qui ritorna, dunque, il grafene il materiale magico di cui ormai pare che gli umani non riescano più a fare meno. Ancora la professoressa Zou parla di brevetti per l'inseminazione calda di nuvole e per l'inseminazione fredda di nuvole ("One patent is filed on the titanium dioxide, sodium chloride material for warm cloud seeding, and another patent is filed for porous graphite oxide, silica dioxide, nano compensated for cold cloud seeding").

[205] Si veda la comunicazione "Pioggia 'migliorata' con nanoparticelle di ossido di grafene", sul sito internet "NoGeoingegneria, Portale contro le manipolazioni climatiche ed ambientali - La corsa per possedere il clima entro il 2025. Una guerra silenziosa è in atto" del 17.09.2022. La comunicazione riporta gli estremi del seguente brevetto registrato: "Nanoparticelle di ossido di grafene 3D per il cloud seeding – Brevetto US 2022/0002159 A16 gennaio 2022 | Inventori: Linda ZAO, Haoran Liang | 3D Reduced Graphene Oxide/Sio 2 Composite For Ice Nucleation |US 2022/0002159 A1. Contenuto del patent: "La presente invenzione riguarda il settore dell'inseminazione delle nuvole."

Oggi non è più difendibile parlare di deliri complottistici: basta, infatti, una veloce ricerca su autorevoli siti scientifici per trovare una messe di brevetti e rapporti scientifici sull'inseminazione a freddo e a caldo delle nuvole per il cambiamento climatico a mezzo di grafene.[206]

MANIPOLAZIONI CLIMATICHE MANU MILITARI

Le tecniche di semina delle nuvole sono state utilizzate a partire dal 1967, durante la guerra del Vietnam, per il progetto Popeye, il cui obiettivo era di prolungare la stagione dei monsoni e bloccare le vie d'approvvigionamento ostili lungo la strada di Ho-Chi-Minh-Ville (all'epoca Ho-Chi-Minh-Ville era conosciuto sotto il nome di Saigon).[207]

Da allora l'esercito USA ha sviluppato funzionalità sofisticate che permettono di modificare le condizioni climatiche in modo selettivo. La tecnologia, che è attualmente perfezionata nel quadro del programma HAARP, High-frequency Active Auroral Research Program (Ricerche nel settore delle alte frequenze applicate alle albe boreali), sono un'appendice dell'iniziativa di difesa strategica, le c.d. "guerre stellari".

Da un punto di vista militare, HAARP è un'arma di distruzione di massa, che opera sull'atmosfera esterna, ed è capace di destabilizzare sistemi agricoli ed ecologici ovunque nel mondo.

La modifica delle condizioni meteorologiche, secondo il succitato documento dell'aviazione militare USA, intitolato AF 2025, riporta alla fine quanto segue: "offre ai militari un'ampia gamma di opzioni possibili per sconfiggere o bloccare l'avversario", con la capacità, ci dice, "di provocare inondazioni, uragani, siccità e terremoti":

> "La modifica delle condizioni meteorologiche diventerà un elemento della sicurezza interna e della sicurezza internazionale e potrebbe farsi in modo

---

[206] Sul tema si rimanda alla collezione di articoli contenuti sul sito NoGeoingegneria. Circa la corsa al controllo dello spazio in generale per il controllo climatico si segnala G.Garibaldi "Le mani sullo spazio: obiettivo 'full spectrum dominance' entro il 2025" del 23.05.2018 su NoGeoingegneria, Portale contro le manipolazioni climatiche ed ambientali

[207] M.Chossudovsky su Global Research, May 21, 2022, articolo originariamente pubblicato su The Ecologist, del dicembre 2007, Global Research del 7 Dicembre 2007

unilaterale... Potrebbe avere applicazioni offensive e difensive e potrebbe anche essere utilizzata come mezzo di dissuasione. La capacità di generare precipitazioni, nebbia e tempeste su terra o modificare il tempo spaziale... come la creazione di condizioni meteorologiche artificiali è una parte di un insieme integrato di tecnologie (militari)."

Sul tema, nel 1977 una convenzione internazionale è stata ratificata dall'assemblea generale delle Nazioni Unite.[208] Essa proibisce, "l'impiego militare e qualsiasi altra forma d'utilizzo ostile delle tecniche di modifica ambientale aventi effetti ampi, duraturi o gravi." Ha definito "le tecniche di modifica ambientale" come "qualsiasi tecnica per cambiare, grazie ad una manipolazione deliberata dei processi naturali, la dinamica, la composizione o la struttura della terra, tra cui le sue biosfere, la sua litosfera, la sua idrosfera e la sua atmosfera, o lo spazio intersiderale."

Benché il fondamento della convenzione del 1977, sia stato ribadito nella convenzione quadro delle Nazioni Unite sui cambiamenti climatici (CCNUCC), firmata al vertice della terra, a Rio nel 1992, il dibattito sulla modifica meteorologica a fini militari è diventato un tabù scientifico. Gli analisti militari sono muti sull'argomento. I meteorologi non indagano sulla questione e gli ecologi si concentrano sul "nuovo mantra" delle emissioni di gas a effetto serra di cui al protocollo di Kyoto. Non è presa neppure in considerazione la possibilità che le manipolazioni climatiche o ambientali facciano parte de un ordine del giorno militare o del servizio d'*intelligence* mentre, tacitamente, si riconosce che fanno parte del dibattito più ampio sui cambiamenti climatici sotto l'egida dell'ONU.

---

208 La Convenzione sul divieto dell'uso di tecniche di modifica dell'ambiente a fini militari o ad ogni altro scopo ostile, nota anche come Convenzione ENMOD, è il trattato internazionale che proibisce l'uso militare ed ogni altro utilizzo ostile delle tecniche di modifiche ambientali. La Convenzione è stata aperta alla firma il 18 maggio 1977 a Ginevra ed è entrata in vigore il 5 ottobre 1978. Gli stati firmatari sono 48, di cui 16 non hanno ancora ratificato il trattato. In totale gli stati che vi hanno aderito sono 76 (Cfr. United Nation Office for Disarmament Affairs (UNODA), Treaties Database - Convention on the Prohibition of Military or Any Other Hostile Use of Environmental Modification Techniques (ENMOD), su disarmament.un.org.). L'Italia ha firmato la Convenzione a Ginevra il 18 maggio 1977 e l'ha ratificata con la legge n. 962 del 29 novembre 1980.

Di seguito riportiamo alcuni passi di un fondamentale saggio del professor Michel Chossudovsky[209]:

> Creato nel 1992, HAARP, basato a Gokona in Alaska, è una rete di antenne di forte potenza che trasmettono onde radio ad alta frequenza, e quantità enormi d'energia nella ionosfera (lo strato superiore dell'atmosfera). La sua costruzione è stata finanziata dall'aviazione militare USA, dalla US Navy e dall'agenzia per i progetti di ricerca avanzata di difesa (Defense Advanced Research Projects Agency (DARPA)).
> Sfruttata congiuntamente dal laboratorio di ricerca dell'aviazione militare e dall'Ufficio della ricerca navale, HAARP costituisce un sistema di antenne potenti capace di creare "modifiche locali controllate della ionosfera". Secondo il suo sito Internet ufficiale, www.haarp.alaska.edu, HAARP sarà utilizzata: "per indurre un piccolo cambiamento nella temperatura della ionosfera, affinché le reazioni fisiche possano essere studiate da altri strumenti situati nel sito o vicino al sito di HAARP."
> Ma Rosalie Bertel, il presidente dell'istituto internazionale degli affari della sanità pubblica (International Institute lontano Concern foro Public Health), ha dichiarato che HAARP funziona come "un apparecchio gigantesco che può causare importanti perturbazioni nella ionosfera, cosa che crea non soltanto fori, ma lunghe incisioni nello strato protettivo che impedisce alle radiazioni mortali (in provenienza dallo spazio siderale) di bombardare il pianeta."
> Il fisico dott. Bernard Eastlund lo ha chiamato "il più grande apparecchio di riscaldamento della ionosfera mai costruito." HAARP è presentata

---

209 Michel Chossudovsky è l'autore del best-seller internazionale 'The Globalization of Poverty' ("La mondializzazione della povertà", ed. Écosociété) che è stato pubblicato in 11 lingue. È professore d'economia all'università di Ottawa, Canada, e direttore del centro di ricerca sulla mondializzazione. Collabora anche all'Encyclopaedia Britannica. Il suo ultimo lavoro è intitolato America`s War on terrorism, 2005. È l'autore di 'Guerra e mondializzazione, la verità dietro l'11 settembre', edizioni Écosociété, e di 'Mondializzazione della povertà e nuovo ordine mondiale'. L'articolo del professor Chossudovsky è reperibile su http://www.globalresearch.ca/.php?context=va&aid=7561)
Traduzione (in francese) di Danny Quirion per AlterInfo (http://www.geostrategie.com/824/il-fautse-mefier-des-experimentations-de-guerre-climatique-realisees-par-le-pentagone). Vedere anche: La manipolazione climatica e le armi di distruzione massa, le armi del nuovo ordine mondiale di Washington, articolo originale pubblicato il 1° febbraio 2002.

dall'aviazione militare USA come programma di ricerca, ma i documenti militari confermano che il suo obiettivo principale è "di indurre modifiche ionosferiche", in attesa di modificare le condizioni meteorologiche e perturbare le comunicazioni ed i radar.

Secondo una relazione della Duma di Stato russa: "I piani statunitensi che mirano a realizzare esperienze a grande scala, sotto il Programma HAARP (e), di creare armi capaci di rompere le linee di comunicazione radio e le attrezzature installate sulle navi spaziali ed i razzi, causano gravi incidenti nelle reti elettriche e nelle condutture ed i gasdotti, ed hanno un impatto negativo sulla salute mentale di regioni intere."

Un'analisi delle dichiarazioni, provenienti dall'aviazione militare USA, ci fa pensare all'impensabile: le manipolazioni clandestine di fenomeni meteorologici, delle comunicazioni e delle reti elettriche, come arma da guerra mondiale, permettono agli Stati Uniti di perturbare e predominare regioni intere. La manipolazione meteorologica è l'arma preventiva per eccellenza." Può essere diretta contro paesi ostili o "paesi amici", a loro insaputa ed essere utilizzato per destabilizzare le economie, gli ecosistemi e l'agricoltura. Può anche provocare devastazioni sui mercati finanziari ed i mercati dei beni.

La perturbazione nell'agricoltura crea una più grande dipendenza dell'aiuto alimentare e dei grani di cereali di base, importati dagli Stati Uniti e da altri paesi occidentali. HAARP è stata elaborata nel quadro di un partenariato anglo-statunitense tra la Raytheon Corporation, che possiede i brevetti di HAARP, l'aviazione militare USA e la società British Aerospace Systems (BASE).

Il progetto HAARP è uno dei numerosi progetti di collaborazione nel settore dei sistemi d'armamento tra i due giganti della difesa. Il progetto HAARP è stato lanciato nel 1992 da Advanced Power Technologies Inc (APTI), una filiale della società Atlantic Richfield (ARCO). APTI ed i suoi brevetti HAARP sono stati venduti nel 1994 da ARCO a E-Systems Inc. E-Systems Inc impegnato, da contratto, per la CIA ed il Dipartimento della Difesa degli Stati Uniti, provvede "al Doomsday Plan (NDT: il piano dell'Apocalisse)", che "autorizza il Presidente a gestire una guerra nucleare."

Il tutto è stato, successivamente, acquisito da Raytheon Corporation, una società che è fra gli importanti fornitori di informazioni nel mondo. La società British Aerospace Systems (BASE) è stata implicata nello sviluppo della più sofisticata rete di antenne HAARP, nel quadro di un contratto firmato nel 2004 conl'Ufficio della ricerca navale (Office of Naval Research). L'installazione di 132 emittenti di frequenza elevata, è stata affidata da BASE alla sua filiale statunitense BAE Systems Inc.

Secondo un servizio pubblicato in luglio da Defense News, il progetto è stato intrapreso dalla divisione di guerra elettronica della BASE. In settembre, ha ricevuto, dall'agenzia per i progetti di ricerca avanzata di difesa (DARPA), la principale ricompensa per la realizzazione tecnica della concezione, la costruzione e l'attivazione della rete di antenne HAARP.

Il sistema HAARP è interamente operativo e sotto diversi aspetti, eclissa i sistemi di armi
strategiche convenzionali esistenti. Benché non esista una prova formale del suo utilizzo a fini
militari, i documenti dell'aviazione militare USA lasciano intendere che HAARP fa parte integrante della militarizzazione dello spazio. D'altra parte, è probabile che le antenne siano state già sottoposte a prove di prova. Ai sensi della CCNUCC, il gruppo di esperti intergovernativo sull'evoluzione del clima (GIEC), che ha per mandato "di valutare le informazioni scientifiche, tecniche e socioeconomiche utili per la comprensione dei cambiamenti climatici." Questo mandato comprende la guerra ecologica. "L'ingegneria geo-industriale" è riconosciuta, ma le applicazioni militari implicite non sono né oggetto d'analisi politica, né l'oggetto di ricerca scientifica nelle migliaia di pagine delle relazioni del GIEC e dei documenti connessi, che tuttavia sono sostenuti dalla competenza e dai contributi di circa 2500 scienziati, da istanze decisionali ed ecologiche. "La guerra climatica" può minacciare il futuro dell'umanità, ma è stata esclusa dalle relazioni del GIEC, che ha ricevuto il premio Nobel della pace nel 2007.

Non c'è bisogno di aggiungere altro.

POSTFAZIONE

(...) Al momento in cui redigiamo queste note vi è notizia di sinistre pubblicità apparse contemporaneamente in Germania e in Canada. Nella prima, una mamma con un bimbo piccolo sono definiti "killer del clima", nell'altra la stessa foto è commentata con la scritta "fagli un regalo, che sia figlio unico".

Dagli anni 70, prima il Club di Roma[210], Henry Kissinger[211], Jacques Attali[212], poi gli epigoni attuali quali Yuval Harari[213], consulente principe del W.E.F. (o Club di Davos), o lo stesso presidente di quest'ultimo, Klaus Schwab, insistono su un programma di "depopulation". Prima, si diceva, per "proteggere l'ambiente" (con lo "sviluppo sostenibile" dell'Agenda 21, oggi "Agenda 2030 for Sustainable Development"), oggi, detto più chiaramente,

---

210 Cfr., D.H. Meadows, D.L.Meadows, J.Randers, W.W.Behrens III, in "I limiti dello sviluppo", Mondadori 1972

211 National Security Study Memorandum 200 USAID (Kissinger Report) completato nel 1974 e declassificato negli anni 90.

212 Cfr., J.Attali, "L'avenir de la vie" a cura di Michael Salomon, Seghers 1981 circa i programmi di eutanasia per le generazioni più anziane.

213 Cfr.,Y.Harari "21 Lessons for the 21st Century", Spiegel&Grau, 2018. In questo testo l'autore tra le altre cose afferma che gran parte della popolazione è inutile (useless people) e irrilevante:"The merger of infotech and biotech might soon push billions of humans out of the job market and undermine both liberty and equality. Big Data algorithms might create digital dictatorships in all which all power is concentrated in the hand of a tiny elite while most people suffer not from exploitation but from something far worse — irrelevance". "Perhaps in the 21st century populist revolts will be staged not against an economic elite that exploits people but against an economic elite that does not need them anymore. It is much harder to struggle against irrelevance than against exploitation". "The technological revolution might soon push billions of humans out of the job market and create a massive new "useless class", leading to social and political upheavals that no existing ideology [liberalism, nationalism, Islam or some novel creed] knows how to handle". Circa le politiche transumaniste portate avanti dalle elites del Gruppo di Davos si rimanda all'illuminante saggio di Tonelli, A. Nel nome di Sophia, un manifesto contro il transumanesimo, Agorà & Co, 2022, a I.Bifarini, Il grande Reset, dalla pandemia alla nuova normalità, 2020 e, in ordine all'avvenuta devastazione del tessuto dei diritti civili e costituzionali, a Mattei, U. Il diritto di essere contro, Piemme, 2022

causa l'irrilevanza economica di grandissima parte della popolazione mondiale rispetto all'A.I. (Artificial Intelligence o Intelligenza Artificiale)[214].
Gli umani "mangiatori inutili ", anche secondo un ministro Italiano[215], sono dipinti dai media mainstream come un "cancro della natura".
Per questo tra Giornate Internazionali della Popolazione ONU, ove si sollecitano gli Stati al controllo e alla pianificazione del cambiamento demografico[216] e propagandate colpevolizzazioni collettive per presunti cambiamenti climatici (rectius estremi climatici indotti con tecnologie usate da decenni), l'Occidente ha intrapreso la strada del suo felice suicidio demografico ed economico[217].
Così, mentre i media mainstream esaltano le prospettive di Great Reset delle proprietà individuali ("you'll own nothing, you'll be happy", minaccia la pubblicità del W.E.F.) e le meraviglie del trans-umanesimo avanzato (è di qualche giorno fa la notizia del LaMDA di Google, A.I. che avrebbe acquisito autocoscienza di se), si ripetono emergenze e connesse restrizioni a diritti civili e libertà.
Ridotto a fattore inquinante, limitato nei diritti, l'uomo sprofonda in un amaro nichilismo consumistico, disperatamente privo di vie di uscita dal

---

214 Irrilevanza, prospettata da detti maître à penser, anche di quella consistente parte della popolazione mondiale che non ha accettato di sottoporsi a ignote terapie geniche e all'adattamento competitivo rispetto all'A.I. (a mezzo dei nanobots rilevati da numerosi ricercatori) per motivi geopolitici (come nel caso di Russia, Cina o l'intera Africa) o per scelta individuale. K.Schwab "Quarta Rivoluzione Industriale", Franco Angeli, 2016. A pag. 92 scrive: "Smart Dust, array di computer completi con antenne, ciascuno molto più piccolo di un granello di sabbia, possono ora organizzarsi all'interno del corpo umano in reti secondo necessità per alimentare un'intera gamma di processi interni complessi".
215 Roberto Cingolani (Ministro Transizione Ecologica) ha sostenuto in una conferenza nel 2014, al minuto 6:39: «...il pianeta è sovrappopolato, il numero di abitanti aumenta ed è evidente che c'è un problema di sostenibilità di un ecosistema che è quello del pianeta, progettato per tre miliardi di persone, e dell'essere umano che è biologicamente un parassita perché consuma energia senza produrre nulla...." (video su https://www.maurizioblondet.it/vadano-in-malora-le-loro-macchinazioni/)
216 https://www.onuitalia.it/11-luglio-giornata-internazionale-della-popolazione/
217 "Così non parlò Zarathustra. Provocazioni per capire il mondo" di E.Gotti Tedeschi E G.Castellini Rinaldi, Cantagalli 2021

buio baratro della morte, cui, massima espressione del *politically incorrect*, non si deve pensare né tanto meno parlare.

Ecco, dunque, che i "luminari" del W.E.F. propongono (e incredibilmente fanno subito legiferare) normative permissive di "paradisi artificiali" a mezzo di droghe un tempo proibite (il Canada ha appena legalizzato la cannabis) e nuove sessualità giocose e creative "à la carte", in un delirio narcotico e frastornato tra *queer* e *plus*[218].

Nel silenzio delle notti, lontano dagli schiamazzi delle parate *nazi-queer* in *paillettes*, le stelle continuano, però, inesorabili a ruotare attorno alla terra, nell'eterna danza cosmica, incuranti.

---

218 "LGBTQ+ stands for lesbian, gay, bisexual, transgender, questioning and "plus," which represents other sexual identities including pansexual, asexual and omnisexual" (https://www.pinknews. co.uk/2018/03/15/what-is-lgbtq-what-does-the-plus-stand-for-and-is-anyone-left-out)

L'AUTORE

Aurelio Bruno, avvocato amministrativista dal 1995, specializzato nella gestione e direzione di numerosi programmi di sviluppo locale, materia per la quale nel 2015 e nel 2018 è stato selezionato quale esperto iscritto della Commissione Europea, dal 1998 al 2008 è stato Direttore Responsabile di due Gal Leader, due Patti Territoriali (uno di essi indicato come "Patto Territoriale d'Eccellenza" nel DPEF 2001 del Governo Amato) e di un PIT. E' stato docente in materia di diritto dei beni culturali alla Università LUMSA di Palermo e consulente per vari anni dell'Assessorato Regionale Beni Culturali della Regione Siciliana. Già Presidente della Cabina di Regia per i Fondi Strutturali della Regione Siciliana, è stato poi impegnato nella valutazione ex-post del POIN Attrattori Culturali 2007-2013. Tra i numerosi incarichi di consulenza e dirigenziali svolti per le Pubbliche Amministrazioni Statali, Regionali e Locali, si menziona, nel 2017, il ruolo di esperto legale del Nucleo di Valutazione degli Investimenti Pubblici del Ministero dei Beni e delle Attività Culturali, e il successivo incarico di consulenza legale presso lo stesso Ministero della Cultura Segreteria Generale fino al 2023. Attualmente è consulente legale al Ministero dell'Università e della Ricerca e presso la Regione Siciliana Dipartimento Ambiente. Ha al suo attivo più di una settantina di pubblicazioni giuridiche in tema di diritto amministrativo, sviluppo locale, beni culturali diritto ambientale e project finance e, sotto pseudonimo, anche in materia storica.

Si indicano alcuni degli studi giuridici pubblicati in materia negli ultimi anni: "Beni culturali immateriali: il recente riconoscimento legislativo", www.diritto.it, 2024-01-09, , ISSN: 1127 – 8579; "Religione e Teocrazia dell'Apocalisse Climatica", Presentazione di Franco Battaglia, Isbn 9798863311630 Edizioni A.V.I. A.P.S., 2023; L'Emission Trading System riformato dalla dir.UE 959/2023: prime considerazioni", www.diritto.it, 09/09/2023, ISSN: 1127 – 8579; "Nuovo Codice dei Contratti pubblici: appunti e riflessioni", www.diritto.it, 30/03/2023, ISSN: 1127-8579; "Necessità di riclassificazione degli aiuti di Stato in materia culturale", Ministero della Cultura DG Educazione e Ricerca, AVI APS, Isbn 978-1-4717-0112-2, 2022; Libro "Nuovi Appunti Sparsi, Parerga e Paralipomena", 24.09.2021, ISBN 979-8483487159; "Primi appunti sulla riforma di via e vas recata dal d.l.77/2021" pubblicato su "diritto.it" del 20.07.2021; "Legge 120/20 (ex dl Semplificazioni): primi appunti sulle novelle in materia di servizi culturali di valorizzazione e servizi per il pubblico" su "diritto.it", 28.01.2021; "Gestione indiretta dei servizi culturali di valorizzazione e per il pubblico dopo la L.120/20: necessità di riclassificazione", su "ildirittoamministrativo.it", 02.02.2021; "Programmazione e motivi di eleggibilità a finanziamento di un "flagship project" per un "nuovo lascito di beni culturali digitalizzati, su -Territori della Cultura Rivista on Line Numero 42 anno 2020 pagg.168-176; Libro collettaneo: "Strategie per il post Covid-19 nel settore culturale: declinazioni territoriali e

sussidiarie per la gestione" su "I bacini culturali e la progettazione sociale orientata all'heritage-making, tra politiche giovanili, innovazione sociale, diversità culturale" Regione Siciliana e Presidenza del Consiglio dei Ministri – Dipartimento per le Politiche Giovanili, Progetto ABACUS, 2020, Editrice All'Insegna del Giglio" ISBN 978-88-9285-006-4 -ISBN 978-88-9285-007-12020, pagg.245-267; "La procedura d'infrazione europea contro l'Italia per le limitazioni al subappalto: rischi di revoca di risorse europee, inerzia del legislatore e giurisprudenza ondivaga" pubblicato il 1° dicembre 2020, su "www.ildirittoamministrativo.it"; Libro collettaneo: coautore Pietro Petraroia "Capitale culturale, resilienza territoriale e pandemia: un approccio sussidiario alla gestione delle sfide su «Il capitale culturale», Supplementi 11 (2020), pp. 425-446 ISSN 2039-2362 (online); ISBN 978-88-6056-670-6; DOI: 10.13138/2039-2362/2546; "Beni culturali digitalizzati" come misura antipandemica: possibili scenari programmatici e regolatori per il "recovery and resilience facility" europeo" su www.diritto.it del 3 novembre 2020; "Nuove considerazioni in tema di aiuti di stato per imprese culturali e creative: tassonomie generiche, contrasti normativi e programmazione 2021-2027" pubblicato il 4 novembre 2020, su "www.ildirittoamministrativo.it"; "Strategie per il post covid-19 nel settore culturale: Strumenti per l'applicazione del principio di sussidiarietà e territorializzazione delle politiche di sviluppo di cui ai nuovi regolamenti europei" su diritto.it del 9 giugno 2020; "La comunicazione della commissione europea per la crisi covid-19 del 1° aprile 2020 e le procedure negoziate senza pubblicazione di bando: giurisprudenza e recenti problematiche", su "www.diritto.it" del 14.04.2020; "Coronavirus e recenti interventi della commissione europea nel settore degli aiuti di stato: lezioni da trarre dall'emergenza" su "www.diritto.it" del 02.04.2020; "Legislazione d'emergenza, diritti di libertà individuale e di concorrenza" su "www.diritto.it" del 26.03.2020; "Principio dell'operatore economico di mercato (meop) ed aiuti di stato negli appalti per il settore culturale" su "www.ildirittoamministrativo.it", del 23.03.2020; "Primi appunti circa la possibile confusione nell'applicazione delle normative sugli aiuti di stato discendente dal nuovo istituto dell'impresa culturale e creativa" su "www.diritto.it" del 11.03.2020; "Dalla Convenzione di Faro alla programmazione europea 2021-2027: nuove sfide e suggestioni", co-autore Paola David in Territori della Cultura 38, pag.42-52, 2020; 23.	Libro collettaneo: "Note a margine propedeutiche per possibili innovazioni legislative", co-autore Paola David., su Impresa e Cultura 15° Rapporto Annuale Federculture 2019, pag.81-94, 2019; "Il silenzio-assenso nel settore dei beni culturali e paesaggistici in Sicilia" pubblicato il 1° ottobre 2019, su "www.ildirittoamministrativo.it"; "Parerga, paralipomena ed altri appunti sparsi sul diritto del patrimonio culturale", ISBN 978-0-244-22216-1, pagg.358 - 2019;
"Note a margine e de iure condendo – terza parte: concessioni e gestione per la messa a reddito dei beni culturali" pubblicato il 21 maggio 2019, su "www.ildirittoamministrativo.it", ISSN

2039-693711; "Note a margine e de iure condendo - seconda parte: cooperazione in forme sussidiarie e partecipate per la valorizzazione del patrimonio culturale" pubblicato il 20 maggio 2019, su "www.ildirittoamministrativo.it", ISSN 2039-693711; "Note a margine e de iure condendo - prima parte: principi e strumenti per la tutela dei beni culturali e paesaggistici con modalità sussidiaria e partecipata" pubblicato il 17 maggio 2019, su "www.ildirittoamministrativo.it", ISSN 2039-693711; "Piani di gestione UNESCO: Norme e procedimenti per il reperimento delle risorse finanziarie" pubblicato il 21 febbraio 2019, su "www.ildirittoamministrativo.it", ISSN 2039-69371; "Natura giuridica dei gruppi di azione locale (CLLD) e prospettive future", pubblicato il 4 febbraio 2019, su "www.ildirittoamministrativo.it", ISSN 2039 – 69371; "Piani di gestione UNESCO e piani strategici di sviluppo culturale" pubblicato il 20 gennaio 2019, su "www.ildirittoamministrativo.it", ISSN 2039 - 6937; "Aiuti di Stato: nella cultura" pubblicato il 14 dicembre 2018 su "www.diritto.it", ISSN 1127-8579; "Appunti sul recupero alla fruizione di beni marginalizzati, imprese culturali ed aiuti di stato" con Paola Raffaella David - Centro Universitario Europeo per i Beni Culturali Ravello -Territori della Cultura Rivista on Line Numero 34 anno 2018 pag. 102; " La via partecipata e sociale alle politiche culturali e le imprese culturali e creative", con Paola Raffaella David – Centro Universitario Europeo per i Beni Culturali Ravello -Territori della Cultura Rivista on Line Numero 34 anno 2018 pag. 116; "Sviluppo locale di tipo partecipativo ed organismi di diritto pubblico per la gestione dei beni culturali" parte I e parte II, pubblicati rispettivamente l'8 e 9 agosto 2018 su "www.diritto.it" ISSN 1127-8579 - saggi pubblicati anche da Patrimonio sos-in difesa dei beni culturali e ambientali (www.patrimoniosos.it) il 15.02.2019; "Confutazioni e soluzioni per l'applicazione del D.lgs 228/11 al settore dei beni culturali", pubblicato il 27 giugno 2018 su "www.diritto.it", ISSN 1127-8579; "Crisi economiche, Legislazione d'urgenza ed altre minacce al patrimonio culturale", ISBN 978- 0-244-36020-7, pagg. 197 2018; "PPP e beni culturali : ragioni di un cambio di rotta legislativo e conseguenze sull'impianto ordinamentale", pubblicato su "ildirittoamministrativo.it il 07 dicembre 2017; "PPP, "Public private partnership ed indicazioni soft-law di Eurostat – profili di illogicità e di possibile danno", su www.diritto.it del 10 ottobre 2017 ISSN 1127-8579; "Profili applicativi del D.LGS 228/11 e obblighi di conservazione/tutela nel settore culturale su www.diritto.it del 21 agosto 2017 ISSN 1127- 8579 e su "www.dirittoamministrativo.it", ottobre 2017; "Place-Based. Sviluppo Locale e Programmazione 2014-2020" con Aurelio Angelini (co-autore) ISBN 9788891742971 Prefazione di Giovanni Puglisi, pag. 220 – Franco Angeli Editore – 2016; "La Programmazione 2014-2020 In Sicilia, Manuale Di Sopravvivenza Civica" ISBN 9781326153380 2014 Pag.160; "Project Financing e Project Bonds" ISBN 9781291995992 - 2014 – Pag.300.

Sotto il nom de plume di Paul Devins ha pubblicato alcuni saggi in materia storiografica, tra essi "Argimusco Decoded" (2014), con Alessandro Musco, e "Argimusco Decoded, Quod est inferius est sicut quod est superius" (2020), a cura di Graziella Milazzo. Nel 2022 ha pubblicato "Il Pantheon del cielo" (prefazione Angelo Tonelli), la versione inglese "The Pantheon of the Sky", "Trans-umanesimo e Neo-Umanesimo", "Κόσμοσ,il mondo degli antichi" e "Psicanodia, il viaggio dell'anima nella cultura classica". Nel 2023 "Apoteosi e musica, musica e ascesa agli astri nell'epoca classica", "Cambiamento Climatico". Nel 2025 "Rodi, cento anni dopo" (prefazione Angelo Tonelli) e "Kos, Leros e le altre isole" (prefazione Angelo Tonelli). Tutti i testi sono editi da A.V.I. Institute of Medieval Studies e curati da Graziella Milazzo. Nel 2024 ha contribuito con il saggio "Una reinterpretazione siderale ed egizia della Liturgia di Mitra del Grande Papiro Magico di Parigi" al n.2 della rivista Aiòn, diretta da Luca Valentini. Sempre con Luca Valentini nel 2025 ha pubblicato l'articolo: "Copernico in epoca antica?" su paginefilosofali.it il 16.04.2025 e Il mito di Er quale topografia dell'aldila o epifania delle madri eteriche? 1 parte e 2 parte, oltre che il testo Il Mito di Er, tra cosmo e immortalità, AVI, 979-8280657724.

BIBLIOGRAFIA

DANTE ALIGHIERI, Divina Commedia, Canto 1 del Paradiso, 69

MARKUS ALDÉN, Francisko Olofsson Falla, Daowei Yang, Mohammad Barghouth, Cheng Luan, Magnus Rasmussen yang De Marinis. "Intracellular Reverse Transcription of Pfizer BioNTech COVID-19 mRNA Vaccine BNT162b2 In Vitro in Human Liver Cell Line" nel Current Issues in Molecular Biology Journal , pubblicato su Curr. Issues Mol. Biol. 2022, 44, 1115–1126. https://doi.org/10.3390/cimb44030073 e su MDPI,

A. ALLEGRA, in L'uomo di fronte alla sfida postumana, su   Homo Cyborg il futuro dell'uomo, tra tecnoscienza, intelligenza artificiale e nuovo umanesimo, atti del XVI Convegno Nazionale e del XVIII Incontro Associazioni territoriali Roma, 25 maggio 2018, I Quaderni di Scienza & Vita, agosto 2020, Cantagalli

A. ALLEGRA, Visioni transumane. Tecnica salvezza ideologia, Orthotes, Napoli-Salerno 2017

A. ALLEGRA, Postumanismo e vitalismo. Note su un nodo teorico, «Studium ricerca», 2 (2018)

ALUFFI "LaMDA? Non è cosciente né indipendente come una persona" su Repubblica del 14.06.2021

G. ANDERS, L'uomo è antiquato, Volume I Considerazioni sull'anima nell'epoca della seconda rivoluzione industriale, Bollati Boringhieri, 2010,

ARISTOTELE, Etica Nicomachea

J. ATTALI, "L'avenir de la vie" a cura di Michael Salomon, Seghers 1981

G.M. BALLESTRIERI, "trans-umanesimo e ideologie globaliste", su Nuovo Giornale Nazionale - trans-umanesimo e ideologie globaliste 18/09/22

J.P. BAUD, Il caso della mano rubata, a cura di Cosimo Marco Mazzoni, trad. it. di Laura Colombo, Milano, 2003

E. F. BEALL, "Hesiod's Prometheus and Development in Myth", Journal of the History of Ideas, vol. 52 n. 3 (luglio – settembre 1991), pp. 355-371.

U. BECK, The Metamorphosis of the World, Polity Press, Cambridge, 2016

BERGEL, S. (2015). Manipulación genética e intervenciones de mejora. En Bergel, S.; Flah, L.; Herrera, M.; Lamm, E.; Wierzba, S. Bioética en el Código Civil y Comercial. Buenos Aires: La Ley.

BIBBIA

I.BIFARINI, Il grande Reset, dalla pandemia alla nuova normalità, 2020

N. BOBBIO, Giusnaturalismo e positivismo giuridico, a cura di L. FERRAJOLI, Laterza 2011

C. CASSANMAGNAGO, a cura di 1 Esiodo, Teogonia, collana Esiodo Opere, Milano, Bompiani, 2009

F. BORGONOVO, "La Consulta si mette a nudo. Altro che Costituzione, difende Europa e scienza", articolo di commento all'intervista del Presidente della Corte Costituzionale al Corriere della Sera, in La Verità del 10.12.2022

N. BOSTROM, Human Enhancement (a cura di), Oxford University Press, Oxford 2009

N. BOSTROM "A History of Transhumanist Thought." Journal of Evolution and Technology 14 (2005)

N. BOSTROM "In Defense of Posthuman Dignity." In G. Hansell and W. Grassie (eds.). H+/-: Transhumanism and Its Critics. Philadelphia: Metanexus, 2011.

N. BOSTROM. Superintelligence: Paths, Dangers, Strategies. Oxford: Oxford University Press, 2014.

N. BOSTROM "Why I Want to be a Posthuman When I Grow Up." InM. More and N. Vita-More (eds.). The Transhumanist Reader. Malden, MA: Wiley Blackwell, 2013

M. BRANDI, Perché difendere il contante, https://t.me/guerrieriperlalibertà, 2022

A. BRUNO, "Il Pantheon del Cielo", AVI Edizioni, 2022

A.BRUNO, "Cambiamento climatico", AVI Edizioni, 979 8336623383, 2024

PABLO CAMPRA, "Microstructures in covid vaccines: inorganic crystals or Wireless Nanosensors Network?" November 2021- Project: Counteranalysis of Covid Vaccines, Universidad de Almería (https://www.researchgate.net/publication/356507702_microstructures _in_covid_vaccines_inorganic_crystals_or Wireless_ Nanosensors_Network.

CILIBERTO, Il nuovo Umanesimo, Laterza, Bari-Roma, 2017, pag.64 Current Issues in Molecular Biology Journal, pubblicato su Curr. Issues Mol. Biol. 2022, https://doi.org/10.3390/cimb44030073 44, 1115–1126.

M.CHOSSUDOVSKY su Global Research, May 21, 2022, articolo originariamente pubblicato su The Ecologist, del DICEMBRE 2007, GLOBAL RESEARCH DEL 7 DICEMBRE 2007

D.COVIELLO, Gene editing: il cambiamento della specie umana su Homo Cyborg il futuro dell'uomo, tra tecnoscienza, intelligenza artificiale e nuovo umanesimo, atti del XVI Convegno Nazionale e del XVIII Incontro Associazioni territoriali Roma, 25 maggio 2018, I Quaderni di Scienza & Vita, agosto 2020, Cantagalli

CRAVERO, Il corpo del trans-umanesimo: autorappresentazione, tecno-estetica e miglioramento umano, su FiloDiritto, 08 Febbraio 2022

F.D'AGOSTINO (a cura di), Il corpo de-formato. Nuovi percorsi dell'identità personale, Giuffrè, Milano 2002

F.D'AGOSTINO (studi raccolti da) Diritto e corporeità, studi di S.COTTA, A.AMATO, MANGIAMELI, S.AMATO, A.LISITANO, V.VITALE, Edizioni Universitarie Jaca, 1984

EMILY A. DEBOY, B.S., Michael G. Tassia, Ph.D., Kristen E. Schratz, M.D., Stephanie M. Yan, B.A. https://orcid.org/0000-00026880-465X, Zoe L. Cosner, M.D., Emily J. McNally, B.S., Dustin L. Gable, M.D., Ph.D., +5, and Mary Armanios, M.D. "Familial Clonal Hematopoiesis in a Long Telomere Syndrome", Authors: Published May 4, 2023, N Engl J Med 2023;388:2422-2433, DOI: 10.1056/NEJMoa2300503 VOL. 388 NO. 26

DIELS E KRANZ, I Presocratici, Laterza,1969

Food and Chemical Toxicology Volume 164, June 2022, 113008 F.Q "Vaccini Covid, l'ad di Pfizer Bourla rifiuta per la seconda volta un'audizione davanti al Parlamento europeo" sul Fatto Quotidiano del 5 dicembre 2022

WALTER DOERFLER, Adenoviral Vector DNA- and SARS-CoV-2 mRNA-Based Covid-19 Vaccines: Possible Integration into the Human Genome - Are Adenoviral Genes Expressed in Vector-based Vaccines?, Virus Research 302 (2021) 198466, https://doi.org/10.1016/j.viruses.2021.198466

ESIODO, Teogonia, a cura di Cesare collana Esiodo Opere, Milano, Bompiani, 2009 Cassanmagnago,

P. FEDELE, Brain control: il joystick mentale per comunicare con il pensiero su Homo Cyborg il futuro dell'uomo, tra tecnoscienza, intelligenza artificiale e nuovo umanesimo, atti del XVI Convegno Nazionale e del XVIII Incontro Associazioni territoriali Roma, 25 maggio 2018, I Quaderni di Scienza & Vita, agosto 2020, Cantagalli

FERRY, La révolution transhumaniste. Comment la technomédecine et l'uberisation du monde vont bouleverser nos vies, Plon, Paris, 2016

M.FOUCAULT, Nascita della biopolitica : corso al Collège de France (1978-1979), traduzione di Mauro Bertani, Valeria Zini, 4ª ed., Milano, Feltrinelli, 2019, ISBN 978-88-07-88654-6.

S.FULLER, Humanity 2.0, (Basingstoke, UK: Palgrave-Macmillan, 2011), 98.

A. GAMBINO, Homo cyborg: una introduzione al tema su Homo Cyborg il futuro dell'uomo, tra tecnoscienza, intelligenza artificiale e nuovo umanesimo, atti del XVI Convegno Nazionale e del XVIII Incontro Associazioni territoriali Roma, 25 maggio 2018, I Quaderni di Scienza & Vita, agosto 2020, Cantagalli

GARIBALDI "Le mani sullo spazio: obiettivo 'full spectrum dominance' entro il 2025" del 23.05.2018 su NoGeoingegneria, Portale contro le manipolazioni climatiche ed ambientali

W. GOETHE, Faust, 1831

E.GOTTI TEDESCHI E G.CASTELLINI, Così non parlò Zarathustra. Provocazioni per capire il mondo" di Rinaldi, Cantagalli 2021

HUGONIS GROTTI, De jure belli ac pacis

GROZIO: Il diritto della guerra e della pace, Centro Editoriale Toscano 2002;

GROZIO, Prolegomeni al diritto della guerra e della pace, Morano 1979;

GROZIO, Conciliazione dei dissensi sulla predestinazione, Edizioni del Cerro 1997;

GROZIO, Corsano Antonio, Opere scelte. Vol. 4: Ugo. Grozio. L'Umanista, il teologo, il giurista, Congedo 1999

R. GUÉNON, Introduzione a "La crisi del mondo moderno", Ed.Mediterranee 1972

P. HADOT, Il velo di Iside. Storia dell'idea di natura. Einaudi, 2004

W.HAMILTON, PLATO, Phaedro, (Londra: Penguin, 1973), 96.

HARARI Y.N., 21 lezioni per il XXI secolo, Bompiani, 2018

HARARI Y.N. "Homo Deus", Milano 2017

HUXLEY, "In New Bottles for New Wine", Chatto & Windus, London, 1949, pag. 13 e ss.

ELISABETTA INTINI, La scienza dei telomeri: quelli lunghi non sono il segreto della longevità (né della buona salute), su Focus Salute , 9 maggio 2023

N. IRTI - E. SEVERINO, Dialogo su diritto e tecnica, Bari, 2001

B. JOY, Why the Future Doesn't Need Us, April 2000 Wired magazine.

ANTHONY M. KYRIAKOPOULOS, Peter A. Mccullough, Greg Nigh e Stephanie Seneff., Potential Mechanisms for Human Genome Integration of Genetic Code from SARS-CoV-2 mRNA Vaccination: Implications for Disease" Esso ed è stato pubblicato sul Volume 10:10, 2022 di Journal of Neurological Disorders

R. KURZWEIL, The Age of Spiritual Machines, Penguin, New York 1999

M. LANARO, sul Fatto Quotidiano del 19 marzo 2021

LATTANZI R., Ricerca genetica e protezione dei dati personali, nel Trattato di Biodiritto diretto da Rodotà e Zatti, II, Il governo del corpo, a cura di CanestrariFerrando-Mazzoni-Rodotà-Zatti, I, Milano, Giuffrè, 2011

H. LLANO ALONSO, Homo excelsior. Los límites ético-jurídicos del transhumanismo, Ordines numero 2 – dicembre 2021

C.M. LIEBER, A. ZHANG, Y. ZHAO, S. YOU, , "Nanowire probes could drive high-resolution brain-machine interfaces,"Nano Today Doi: 10.1016/J.Nantod.2019.100821, 9 Dec 2019;

C.M. LIEBER,M. SISTANI, J. DELAFORCE, R. B. G. KRAMER, N. ROCH, M. A. LUONG, M.I. DEN HERTOG, E. ROBIN, J. SMOLINER, J. YAO, C.M. LIEBER, C. NAUD, A. LUGSTEIN, O. BUISSON, "Highly transparent contacts to the 1D hole gas in ultrascaled Ge/Si core/shell nanowires,"Acs Nano 13, 14145−14151 (2019);

C.M. LIEBER,N.M. TRAN, K. SHEKHAR, I.E. WHITNEY, A. JACOBI, I. BENHAR, G. HONG, W. YAN, X. ADICONIS, M.E. ARNOLD, J.M. LEE, J.Z. LEVIN, D. LIN, C. WANG, A. REGEV, Z. HE, J.R. SANES, "Single-cell profiles of retinal ganglion cells differing in resilience to injury reveal neuroprotective genes,"neuron 86, 21-24 (2019);

C.M. LIEBER & S.R. PATEL "Precision electronic medicine in the brain,"Nat. Biotechnol. 37, 1007–1012 (2019).

C.M. LIEBER ,J.M. LEE, G. HONG, D. LIN, T.G. SCHUHMANN, A.T. SULLIVAN, R.D. VIVEROS, H.-G. PARK "Nano-enabled direct contact interfacing of syringe-injectable mesh electronics,"nano lett. 19, 5818−5826 (2019).

C.M. LIEBER,Y. ZHAO, S. YOU, A. ZHANG, J.-H. LEE, J.L. HUANG, "Scalable ultrasmall three-dimensional nanowire transistor probes for intracellular recording,"Nat. Nanotechnol. 14, 783-790 (2019). C.M. LIEBER, R.D. VIVEROS, T. ZHOU, G. HONG, T.-M. FU, H.Y.G. LIN "Advanced one- and two-dimensional mesh designs for injectable electronics,"nano lett. 19, 4180-4187 (2019).

C.M. LIEBER, B. TIAN "Nanowired bioelectric interfaces,"CHEM. REV. 119, 9136−9152 (2019);

C.M. LIEBER, G. HONG, "Novel electrode technologies for neural recordings,"Nat. Rev. Neurosci. 20, 330-345 (2019). X. YANG, T. ZHOU, C.M. LIEBER, T.J. ZWANG, G. HONG, Y. ZHAO, R.D. VIVEROS, T.-M. FU, T. GAO "Bioinspired neuron-like electronics,"Nat. Mater. 18, 510-517 (2019).

G. LIVERANI, Homocyborg su Homo Cyborg il futuro dell'uomo, tra tecnoscienza, intelligenza artificiale e nuovo umanesimo, atti del XVI Convegno Nazionale e del XVIII Incontro Associazioni territoriali Roma, 25 maggio 2018, I Quaderni di Scienza & Vita, agosto 2020, Cantagalli

MARCUSE, One-Dimensional Man. Studies in the Ideology of Advanced Industrial Society. Beacon Press Boston (Massachusetts), 1964

M. MARZARIO, La tutela della dignità nel trans-umanesimo, su FiloDiritto, 15 Aprile 2022.

MATTEI, U., Il diritto di essere contro, Piemme, 2022,

CAPRA F. MATTEI U., Ecologia del diritto. Scienza politica, beni comuni, boca, 2017

MATTEI U. - QUARTA A., Punto di Svolta - Ecologia, Tecnologia e

diritto privato. Dal capitale ai beni comuni, Aboca, 2018,
MEADOWS, D.L. MEADOWS, J. RANDERS, W.W. BEHRENS III, in "I limiti dello sviluppo", Mondadori 1972

A. MENCIASSI, Robotica bio-applicata e bio-ispirata: diverse applicazioni, diverse interfacce su Homo Cyborg il futuro dell'uomo, tra tecnoscienza, intelligenza artificiale e nuovo umanesimo, atti del XVI Convegno Nazionale e del XVIII Incontro Associazioni territoriali Roma, 25 maggio 2018, I Quaderni di Scienza & Vita, agosto 2020, Cantagalli

F.MERCADANTE, "Che cosa hanno in comune Pfizer, BlackRock, Facebook e le banche?",su https://www. econopoly.ilsole24ore.com/ del 02 Febbraio 2021

T. MEYER, Corona-Impfungen aus spiritueller Sicht, isbn 97838906008105, 2021

R.MC KIE, no death and an enhanced life: Is the future transhuman? The Guardian, 6 maggio 2018

M.R. MONTEBELLI ,"Ecco come si allungano i telomeri scoperta la fontana dell'eterna giovinezza?" su Scienza e Farmaci, 27.01.2015

H. MORAVEC, Robot: Mere Machine to Transcendent Mind, Oxford University Press, Oxford 1999

M. MORE, A Letter to Mother Nature, in The Transhumanist Reader, Wiley-Blackwell, 2013

M. MORE, The Philosophy of Transhumanism, in M. MORE-N. VITA-MORE (ed. by), The Transhumanist Reader, John Wiley & Sons, Inc., Chichester (West Sussex), 2013

J.CHENG MORRIS, "Tony Blair calls for digitals libraries to track vaccines", 20.01.223, uk.news.yahoo.com.

M. O'CONNELL, To Be a Machine: Adventures Among Cyborgs, Utopians, Hackers, and the Futurists Solving the Modest Problem of Death, Doubleday, 2017

L. NIELSEN, Dalla bioetica alla biolegislazione, in C.M. Mazzoni (a cura di), Una norma giuridica per la bioetica, Bologna, 1998

DAVID F. NOBLE, The Religion of Technology, (New York: Penguin, 1999)

D.ONORI, Grozhttps://www.centrostudilivatino.it/6-grozio-e-iriflessi-del-giusnaturalismo-sul-diritto-moderno/, apr.24, 2021

PACIA R., Campione biologico e consenso informato nella ricerca genetica: il possibile ruolo delle biobanche, in Jus civile, 3, 2014

GIOVANNI PETTINATO, Mitologia sumerica, Torino, Utet, 2001.

PICO DELLA MIRANDOLA, Orazione sulla Dignità, 1486

D. PIERCE, The Hedonistic Imperative, 2015

PLATONE, Fedro

PLUTARCO, "I ritardi della punizione divina"

PLUTARCO, "Il demone di Socrate", 589F-590A, ed. A. Aloni, Milano 1993, pp. 101-102

N.POSTMAN, Technopoly: The Surrender of Culture to Technology (New York: Vintage Books, 1992), 4-5

D. PUENTE "Il discorso fuorviante di Giorgio Agamben sui «vaccini anti Covid sperimentali» (che non lo sono)" del 9 Ottobre 2021 su open.it.

A. PUNZI, La de-formazione dell'identità come eclissi della differenza. L'Homme machine e il post umano a confronto, in F. IRTI-E. SEVERINO, Dialogo su diritto e tecnica. Laterza,

Roma-Bari, 2001

ORDINE, N., L'utilità dell'inutile. Manifesto, con un saggio di braham Flexner, Bompiani, Milano, 2013

L. PALAZZANI, Identità e enhancement (potenziamento), in Patologie dell'identità e ipotesi di terapia filosofica, a cura di Gabriella Gambino, direttore Francesco D'Agostino, Jus Quia Justum Edizioni, giugno 2017

DOMINIQUE PERRIN, in Transhumanisme: l'homme qui veut nous rendre immortels, su https://www.gqmagazine.fr/ del 29 mars 2016

G. PETTINATO, Mitologia sumerica, Torino, Utet, 2001.

PLOS Pathogens, https://doi.org/ 10.1371/journal. ppat.1010830 September 2, 2022.

PUNZI, Chi sono e cosa dicono i 500 scienziati poco filo-Greta che scrivono all'Onu: non c'è emergenza climatica su Startmag, 24.09.20219, https://www.startmag.it/ energia/500-scienziati-gretaclima-onu-emergenza-climatica/

M. REVELLI, Umano Inumano Postumano, Torino, Einaudi, 2020, p. 18

ZHEN QIN, Aure'Lie Bouteau, Christopher Herbst, Botond Z. Igyarto "Pre-exposure to mRNA-LNP inhibits adaptive immune responses and alters innate immune fitness in an inheritable fashion" di su PLOS Pathogens, https://doi.org/ 10.1371/journal.ppat.1010830 September 2, 022

S. RODOTÀ, La vita e le regole. Tra diritto e non diritto, Milano, 2012

G. SAMEK LODOVICI, in La perfezione che veramente desideriamo, su L'uomo di fronte alla sfida postumana, su Homo Cyborg il futuro dell'uomo, tra tecnoscienza, intelligenza artificiale e nuovo umanesimo, atti del XVI Convegno Nazionale e del XVIII Incontro ssociazioni territoriali Roma, 25 maggio 2018, I Quaderni di Scienza & Vita, agosto 2020, Cantagalli

G. SAMEK LODOVICI, trans-umanesimo, immortalità, felicità su Etica & Politica / Ethics & Politics, XX, 2018, 3, ISSN: 1825-5167

SANTOSUOSSO A., Il diritto alla disobbedienza genetica: il caso dell'Islanda, in Etica della ricerca biologica, a cura di C. Mazzoni, Firenze, Olschki, 2000

SANTOSUOSSO A.-COLUSSI I. A., Diritto e genetica delle popolazioni, nel Trattato di Biodiritto diretto da Rodotà e Zatti, II, Il governo del corpo, a cura di Canestrari Ferrando-Mazzoni-Rodotà Zatti, Milano, Giuffrè, I, 2011

SANDBERG, Morphological Freedom- Why We Not Only Want It, But Need It in The Transhumanist Reader, Wiley-Blackwell, 2013

SARAH SATTAR, Juraj Kabat, Kailey Jerome, Friederike Feldmann, Kristina Bailey e Masfique Mehedi del Department of Biomedical Sciences, University of North Dakota School of Medicine & Health, Sciences, Grand Forks, ND, USA, Biological Imaging Section,Research Technology Branch, National Institute of Allergy e del Infectious Diseases, National Institutes of Health (NIH), Bethesda, MD, USA, del Division of Intramural Research, National Institute of Allergy and Infectious Diseases, National, Institutes of Health, Hamilton, MT, USA, Department of Internal Medicine, Pulmonary, Critical Care, and Sleep and Allergy, University of Nebraska Medical Center, Omaha, NE, USA "Nuclear translocation of spike mRNA and protein is a novel pathogenic feature of SARS-2 CoV-2." di, studio pubblicato su bioRxiv https://doi.org/10.1101/2022.09.27.509633. preprint doi:

SCHWAB K., Quarta Rivoluzione Industriale", Franco Angeli, 2016
SCIENZE E NO "I telomeri: cosa sono e che impatto hanno sull'invecchiamento" su, 01.03.2023
E.SEVERINO, Il mio scontro con la Chiesa – Rizzoli, Milano 2001
STEPHANIE SENEFF, Greg Nigh, Anthony M. Kyriakopoulos, Peter A. Mccullough "Innate immune suppression by SARS-CoV-2 mRNA immunizzations: The role of G-quadruplexes, exosomes, and MicroRNAs" pubblicato su Food and Chemical Toxicology Volume 164, June 2022, 113008
G. SIMONDON, Sulla tecnoestetica, Mimesis, 2014
SOLENNE V., La regolamentazione dei prodotti ottenuti tramite crispr-cas9, P.S. Legal, 7 marzo 2021
SOMMAGGIO, Umano post umano. I rischi di un uso ideologico della genetica su Diritto e Questioni Pubbliche n. 8/2008
R. SORBELLO, Parlare e interagire con un robot umanoide. tra mente naturale e mente digitale su Homo Cyborg il futuro dell'uomo, tra tecnoscienza, intelligenza artificiale e nuovo umanesimo, atti del XVI Convegno Nazionale e del XVIII Incontro Associazioni territoriali Roma, 25 maggio 2018, I Quaderni di Scienza & Vita, agosto 2020, Cantagalli
R. STEINER, Die spirituellen Hintergründe der äußeren Welt, GA 177, S. 97f.
R. STEINER, Individuelle Geistwesen und ihr Wirken in der Seele des Menschen, GA 178, S. 89
R. STEINER, La responsabilità dell'uomo per l'evoluzione del mondo – II, Antroposofica, 2022
R. STEINER, Antroposofia, Psicosofia, Pneumatosofia, Editrice Antroposofica
R. STEINER, Una fisiologia occulta, Editrice Antroposofica R. STEINER, Enigmi dell'Anima, Editrice Antroposofica
R.STEINER, Conoscenza antroposofica dell'uomo e medicina – Antroposofica, Milano 1983
R.STEINER ,Vita da morte a nuova nascita – Psiche, Torino 1997
A. STERPA, Diritto e corpo. Elementi per una questione, su Federalismi, Diritto e corpo. Elementi per una questione, 21 aprile 2021
R. SUBRAMANYA, What the Hell Happened to PayPal? The Free Press, 13 dicembre, 2022
TONELLI, A. Nel nome di Sophia, un manifesto contro il transumanesimo, Agorà & Co, 2022
A. TONELLI, I Greci in noi, Meltemi, 2023
A.VATO, Arrivano i cyborg, dove le neuroscienze e bioingegneria si incontrano, su Homo Cyborg il futuro dell'uomo, tra tecnoscienza, intelligenza artificiale e nuovo umanesimo, atti del XVI Convegno Nazionale e del XVIII Incontro Associazioni territoriali Roma, 25 maggio 2018, I Quaderni di Scienza & Vita, agosto 2020, Cantagalli
VIO.GOR., Il primo microchip di Elon Musk è stato impiantato in un cervello umano, su Today Science, del 30 gennaio 2024
A.R. VITALE, All'ombra del Covid-19. Guida critica e biogiuridica alla tragedia della pandemia Il Cerchio, 2022
A.R. VITALE, L' eutanasia come problema biogiuridico, Franco Angeli, 2017
HONOR WHITEMAN, in Scientists find way to increase length of human telomeres su Medical News Today, January 26, 2015

www.ingramcontent.com/pod-product-compliance
Lightning Source LLC
Chambersburg PA
CBHW071407210526
45465CB00001B/288